Z世代

找到突破危機的藍海

劉懿璇——著

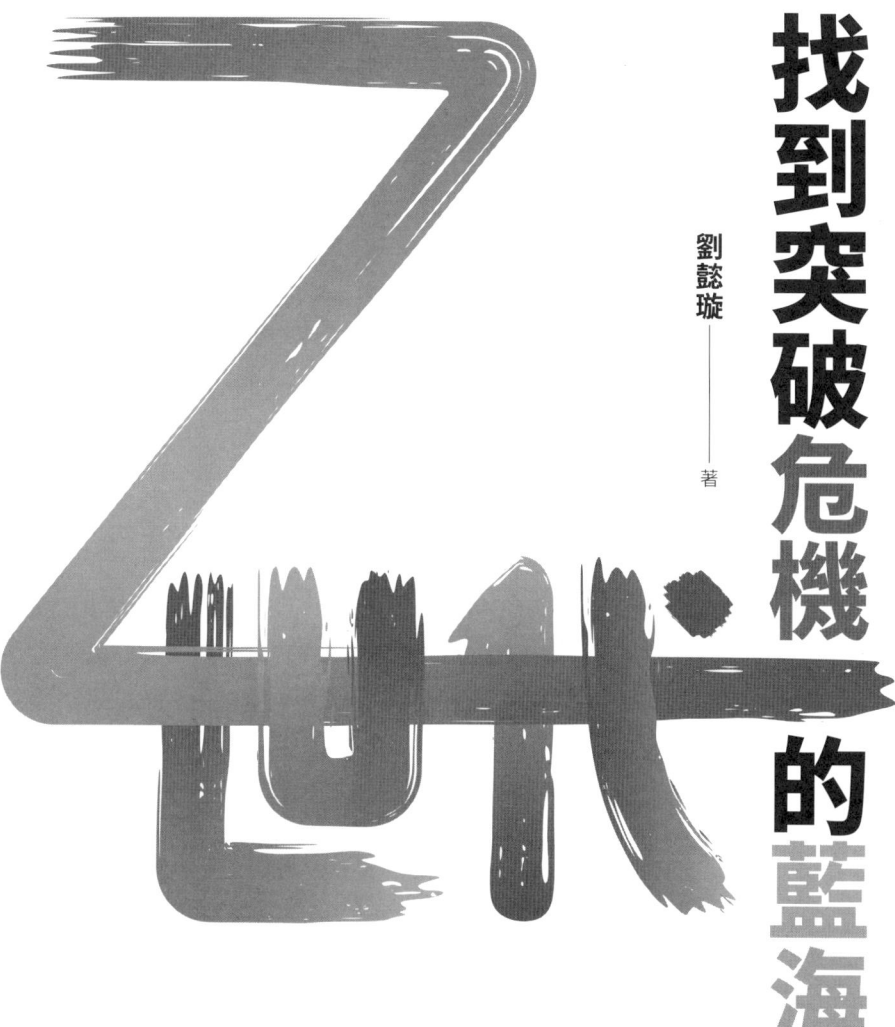

謹以此書獻給我的家人、老師、朋友

推薦序

我與懿璇相識在香港浸會大學的創業營。當時大三的我對於教育創業充滿熱情，因此抱著試一試的心態，在創業營上台向所有參與者分享自己的想法。就是在這個時候，懿璇加入了我的創業團隊，一起以這個創業想法為基礎，一邊學習創業知識，一邊不斷完善這個構思。

我們的創業團隊有幸地被評選為浸會大學創業營最優項目之一，並分別得到香港浸會大學和香港數碼港的支持，兩次獲得「全額獎學金」，去參與美國加州大學柏克萊分校（UC Berkeley）和史丹福大學（Stanford University）的創業訓練營。

雖然我們的創業項目最終未能成功推向市場，但在整個創業學習和實踐過程中，我深刻領悟到掌握「大數據和人工智能技術」所帶來的潛在優勢。因此，在本科畢業後，我選擇前往英國進修大數據及量化分析的碩士課程，以更好地裝備自己。回港後，憑藉「擁有前沿技術」的能力優勢，我成功考取了香港金融管理局的見習經理職位，開啟了自己在公共政策和金融監管領域的職業發展。

懿璇是一位充滿創造力，並且善於反思和挑戰傳統的人。她在團隊中就像一個百寶盒，總能在團隊遇到困難時提出獨到的建議，跳出框框，為團隊提供新的可行方向。相比起其他同年齡的學生，懿璇的開創性思維讓她比其他人看得更遠，大家可以從本書中，感受到她不斷追求「創新與突破的精神」。

這本書是懿璇多年反思沉澱的智慧結晶，她以真誠而有力的筆觸，為讀者娓娓道來她這些年的人生經歷，並基於她的感悟，寫下了九個生涯規劃的錦囊供大家參考。內文豐富而具啟發性，我相信各位讀者能在其中找到自己的共鳴，並從她的故事中找到前進的方向。

正如懿璇在書中所言：「AI時代下人人都將是創業者。」在新時代的浪潮下，湧現出許多新機遇，但我們該如何把握？懿璇的文字將為你提供一些指引。

最後，我想以我學生時期常用來自我激勵的一句話作結，願與大家共勉：「與其相遇在擠滿競爭者的紅海，不如一起在波光粼粼的藍海上揚帆起行吧！」

——**周梓城 Angus Chow**

現於香港某公營機構任職經理，前香港金融管理局見習經理（Manager Trainee）計劃畢業生，
香港大學生義務教育組織星說創辦人

自序

你無法做跟別人一樣的事，又想「與眾不同」

在快滿二十五歲時，我發下豪言壯語「給我一年時間，我要出書」。

一年後，二十五歲的末尾，在寫這段「前言」的同時，我也在完成本書的最後一哩路。

這本書送到各位的手中時，也證明我做到了！

這是個自我挑戰的Project，也是希望透過這個過程，證明給「所有想追夢的Z世代」，你不需要「別人認為你可以，你才能去做」，只要你認為「自己可以」，就大膽放手一搏，因為你無法「做跟別人一樣的事情」，又想「與眾不同」。既然你和大家看起來「都差不多」，又怎麼能「脫穎而出」呢？

為什麼寫這本書？

我寫這本書的初衷源於對Z世代（一九九七年至二〇一二年出生）的觀察，包括我的同學、學弟妹，以及我自己。我發現，我們這一代人遠比大多數成年人想像的要成熟得多。

作為數位原生代，Z世代早已習慣透過網路獲取資訊，這使我們得以「站在巨人的肩膀上看世界」。與前幾代人不同，我們不再受限於資訊壁壘和經驗不足，而是透過多種管道獲取資訊，獲得了獨特的「資訊優勢」。因此，Z世代往往顯得精明，他們「提前看清了社會的真相」，也因此顯得「桀驁不馴、難以管束」。

然而，資訊優勢也帶來了負面的影響：我們內心脆弱敏感，容易焦慮。過多的資訊反而讓我們無法確定該遵循哪個建議；過早看清世界的底牌，反而使我們更加迷茫，甚至選擇躺平；太多成功者的故事，反而讓我們更加自覺渺小和自卑。

在這過程中，我意識到，Z世代最需要的，不再是更多的資訊、知識或洞見，而是「找到自己」，認識自己的「獨特價值」，建立獨立的「對世界的認知體系」，並找到自己對「成功的定義」。

為什麼生涯發展需要「找到藍海」？

藍海，指的是「不再在已知的賽局中競爭」，而是「自己開闢一條新的賽道」。

在我成長的過程中，我發現資訊過剩帶來的「成長焦慮」，使得許多人喜歡「路徑依賴」。人在緊張時更喜歡「抓緊扶木」，他們寄希望於「複製過往成功人士」的成功路徑來走捷徑，在「自我探索」方面偷懶。

比如說，研究「當前最賺錢的工作是哪些？」，這些人通常是有「怎樣的學經歷獲得到這些工作？」，而為了取得「這些學經歷，我應當做哪些準備？」，以此來倒推「自己成長的每一步路」

然而，我發現「越是路徑依賴，成功的機會越低」。

目前我們所處的時代，變化的速度已經快到「當你以為最賺錢的工作是這個」，想追逐風口，過幾年就發現「已經變了」、或是「被新的科技所取代」。

假如你用傳統「倒推」方法來做生涯規劃，只會讓「自己失望」。

「好學生」與「好工作」不再有必然關聯，「世俗眼中的好工作」也與「幸福人生」沒有絕對關係，再疊加上我們身處「AI即將改變人類生活」轉捩點，過往「成功的老路」搭配不同的時代背景，不會導向相同的結局。

當沒有路徑可以依賴時，年輕人該怎麼做才能「突破重圍，找到自己的一席之地？」。底層邏輯，在於你能否持續找到「藍海」：一個符合你自身個性，能讓你的能力和努力，發揮作用的舞台。

有了這個覺悟之後，我們就知道，每個人都必須走上「自我覺醒」之路，找到「屬於適合自己的藍海」。

本書大致內容

本書的第一部分，將以我的個人經驗為例，分享我是如何找到適合自己的「藍海」。我並非「一出生就找到適合自己的藍海」，因此這是一本「自我探尋」的書，講述我的成長過程，是如何讀萬卷書、行萬里路，一步步提升「自己的認知」、建立「自己的思考體系」，逐步找到「適合我發揮的藍海」。

文中提到多個不同的成長危機，例如「學測失利」危機、「畢業遭遇疫情找工難」的危機。每一次階段性的「突破危機」，我又有了「更高的眼界、更多的認知」，幫助我理解這個世界，並在「與世界的交流中」，找到自己的定位。

雖然不知道未來的局勢怎樣變化，每個讀者不一定會遭遇「完全相同的危機」，但是我盡可能在書中解構「我解決危機的思路」，以及當時「我做了哪些行動」幫我「脫離當下難解的困境」。

第二部分，我將以Z世代學姐的過來人身分，分享「給Z世代的九個錦囊」，涉及三大領域：「自我提升與個人發展」、「理財與生活管理」及「創新與適應」，協助Z世代建構自己的認知體系，並定義自己的成功方程式。雖然局勢不斷變動，但是有一些「套用人生發展的基礎邏輯」是不變的。

感謝

本書的誕生，離不開「愛我的人的支持」，謝謝你們！

目次

Part 2 給Z世代生涯規劃的九個錦囊

Part 1

我追尋的藍海人生

多元成長背景，如何為我根植「藍海戰略」思維？

培養差異化思維與價值

父母的教育告訴我，每個人都有自己的天賦

父親告訴我「不要成為只會讀書考試的人」

在大多數父母都在鼓勵小孩「讀書能改變命運」的時候，我父親卻反其道而行，在我求學的早期，便直指我「不是讀書的那塊料」。

從讀書記事起，優秀的學業成績一直是我追求的個人標籤，父母皆是台灣第一學府——台灣大學畢業，父母的高學歷在我內心設立了「好學生的標準」。在這樣的心理暗示下，一直以來，我都能維持班級前五名的成績，也為自己的成就感到自豪。然而，父親出其不意的那句「你不是讀書的那塊料」，敲響了我對自我認知的警鐘，令我困惑，「父母不是應該都鼓勵孩子努力唸書嗎？」。

後來，在父親進一步的解釋下，我才瞭解，父親指的那塊料，是「天賦」，是不付吹灰之力就能考取第一名的實力。而在他的觀察下，雖然我也獲得了好成績，但這是把其他應該用於玩樂、探索興趣的時間，都用於讀書的結果，而非真正的學習天才，只能說擁有刻苦努力的優秀品質。

「所以，你不能只會讀書，還要做別的嘗試，找到你真正的天賦，我不希望你成為只會考試唸書的人，這條路徑太狹隘了」

父母希望我，重視課業，卻不要只重視課業，將課業成績作為自己唯一的成就感來源。

社會風氣常把一個孩子的課業成績與將來是否「能事業成功」做掛鉤，加深了「學習成績優秀，將來一定比較有成就」的暗示，加重孩子的心理負擔。

殊不知，當今社會環境變動過快，個人事業不再只是由個人能力決定，社會環境與幸運程度的變動因子還佔據了極大的成分。而錯誤的認知社會的運行規律，以為好學生一定會有好的職業出路，卻在出社會後，發現「社會成就與考試成績遠並非線性關係」，反而會陷入深深的自我懷疑。

嘗試不同領域，搭建多元成就感來源

因此在父親的開導下，求學階段早期，我也做了許多課外活動的嘗試，增加了多元的成就感來源。比如說國中小時期，挑戰女孩子鮮少會選擇的薩克斯風進行學習；高中時選擇文組，儘管我文理科皆不偏科，但文組給予我更多自我探索的時間，也讓我得以有更多時間投入社團活動，而逐漸挖掘到外語與表演天賦。

雖然豐富的課外活動，或多或少擠壓了讀書時間，使成績不免有所下滑，然而這卻毫不影響我對自我價值的肯定，因為在我的思維裡，「考試只是衡量我眾多能力維度之一，而非全部」。相比於大家都在「讀書考試」這條跑道上競爭，我創造了一條專屬於我的跑道——除了會讀書，還包含多種能力的跑道上，只與自己競賽，因此我跑的十分開心快樂。

單一成就感來源，注定痛苦

也許有些人會好奇，為什麼父親這麼有遠見？能這麼早就意識到應該培養孩子的多元成就感，不讓他往一條跑道上擠？

我想，這與父親是這條路上的過來人有關。

在祖父母的認知裡，過上好日子的唯一方法，就是靠小孩讀到好大學，獲取高薪工作，才得以翻身。因此，父親一路以來都勤苦好學，並且一直名列前茅，這也使父親深信「只要透過不斷的努力，就能達到想要的成果」。

然而隨著升學到了都市更大的池塘裡，遇見更強大的對手，父親的世界觀受到了第一次的打擊。在更大的池塘裡，遇見更多天賦異稟的強勁對手，卻在「怎麼努力也無法超越他人」的同時，陷入自我懷疑。

父親的天賦在於文科，然而由於出路前景最好的專業是醫科。為了幫家裡翻身，父親屈服於現實，選擇了「三類組」，父親就是典型的，理科成績不差卻不突出，只是沒那麼感興趣、那麼有天賦而已，然而拿自己的短板和別人的長板比，不僅要花更多的努力，結果更可能不盡人意。父親第一次考取醫科失利了，選擇了重考，然而重考依然無法如願考上公立的醫科，最後選擇台大的工學院。

我想，正是這段求學之路上的挫折，讓父親意識到原來讀書考試不應該是唯一的出路。如果將所有個人價值，與考試成績綁定，那將會活得非常痛苦。

每個人都有自己的天賦，在早些時候展現出讀書考試的一點點聰明，就被父母老師賦予眾望，然後全心全意將所有時間花在讀書考試，而沒有開拓其他領域專長的人，反倒被耽誤了，因為也許那只是一點點聰明，而不是頂尖聰明，卻過早扼殺了其他出路的可能。

最好的方式應該是適性發展，多做嘗試，在不同的嘗試中累積成就感，讓孩子了解「原來我還有不同可能性」，才不會在「一棵樹上吊死」而產生巨大挫折和自我懷疑。

主動改變局勢的習慣

跨越舒適圈，從台灣到上海的成長歷程

與其被動接受命運，不如主動改變

除了跳脫讀書這條單一的賽道，透過嘗試不同領域，拓寬人生的可能性之外，父母也在觀察外部環境能將自己的孩子塑造成怎樣的人才。在我九歲那年，父母做了一個大膽的決定，將我和弟弟帶去上海，接受不一樣的教育。

之所以做了這樣的一個決定，是父親預見了我在當時台灣的教育體制下，可能會成為的大人。單選題的考試方式，將使我缺少「清晰表達自我觀點」的能力鍛鍊；單向式的輸出教學內容，將使我缺乏「批判性思考及舉手反駁」的勇氣；學生與老師的組成不夠多元的學習環境，也將使我欠缺英語能力以及國際視野。

因此我們一家跨過了台灣海峽，在上海展開近四年的求學闖蕩。在那裡，我第一次跨出了自己的舒適圈，一切從零開始學習。

由於全新的教育體制、朋友圈、及生活環境，對父母而言，也是巨大的挑戰。這讓原本凡事仰賴父母的我，也學著獨立。

不主動社交，作為轉學生就無法輕易融入班裡已有的圈子，我學習幽默和主動。從選擇題變成申論題的考試方式，我越發學會形成自己的觀點，並勇於表達。也因為接觸到截然不同價值觀生活下的人們，我對於社會議題有了更廣闊與深層的思考。

人們常說，「性格決定命運」。因為主動跳出了舒適圈，我的個性變得更加包容開闊，表達能力也有了卓越的進步，這將我的人生導向截然不同的結局。

沿途的風景也是出發的目的

台灣的填鴨式教育，讓大家更習慣於追求在短時間內找到標準答案。套用在人生這份試卷上，人們常說的「讀書是唯一的出路」、「萬般皆下品、唯有讀書高」，也是希望子女少走彎路，快速的走上一個平穩順遂的人生道路，卻也扼殺了大部分人對於人生的想像力、追求夢想的勇氣，因此細看許多人的人生，「今天就是昨天的重複，沒有新的挑戰、沒有更大的成長與收穫。」

當我們在同一個軌道上行駛過久，我們在乎的就不再是沿途的風景，而是行駛地有沒有效率，因此我們更容易關閉五感，看世界的眼睛也喪失了兒時的驚奇感與探索欲。

雖然父母主動改變了命運的走向，將我和弟弟帶到上海接受教育，但是他們一開始也沒預期這段經歷一定要將我們形塑成怎樣的人，而是希望我們享受這個過程的歷練。在上海的新生活，讓我們的五感重新打開，像一個小嬰孩一樣重新認識一個社會的語言、運行規則及價值觀。

如果說人的起點和終點是一樣的，起點是出生，終點是死亡，父母的這個抉擇就是「將人生的過程豐富起來，增加不少體驗」。就如同在玩選擇類故事劇情遊戲，與其讓自己在人生這場遊戲裡只有單選項，按部就班讀書考試工作，我們可以自己增加故事裡關鍵轉折的選項，去增加故事的趣味性，領略更多不同風景，體會更多的酸甜苦辣來拉長感官上生命的長度。

與其跟著社會的風走，接受生來的命運。不如設想自己想成為怎樣的人，勇敢邁出改變的腳步，儘管這個過程可能會逆風行走，但自己卻牢牢掌握了改變命運的鑰匙。

兒時的啟蒙教育，給了我跳軌（跳脫社會循規軌道）的勇氣，也給我的人生埋下了變動的伏筆，我的命運走向，注定不會按照社會的潛規則，而是依著我對自己的人生想像而行。

攝於上海的家，在上海度過半個童年

養成獨立思考
從刻板印象到文化反思

主動改變命運，跨出舒適圈，在解鎖更多機遇的同時，生活也充斥著更多未知的挑戰，為了在變動環境中生存下來，我逐漸培養敏銳的社會觀察力及洞察力。

打碎刻板印象

在上海，我接收到了截然不同的教育系統，最深刻的衝擊，便是很早便發現「一個人的教育系統及社會氛圍是如何形塑一個人的價值觀與行為」。

就拿「兩岸關係」舉例，在尚未前往大陸就學以前，我所接受到教育系統，及大眾傳播媒體所傳遞的兩岸關係氛圍是「敵對關係」。

在這樣的教育下，我也下意識的以為所有大陸人都會以「敵意」的眼光看待我們。因此當父母決議搬家至上海時，我最大的疑慮來自於是否會被同學們「排擠」？然而出乎意料的是，在大陸的班級裡，我沒有一天因為「台灣人」的身分而被霸凌，反而因著這個身分而受到更多關切地詢問，被同學們熱情的包圍，詢問台灣的生活與社會形態，感動的同時，卻也使我感到困惑。

開始接受大陸的教材之後，才了解到原來這邊所教導的兩岸關係是親情關係：「台灣是祖國的寶島，台灣與大陸一家親」，因此我的同學非但不對我懷有敵意，還認為我是應該被好好招待的一家人。

除了兩岸關係認知上的不同，在上海看到的乾淨整潔的街道、樂於助人的鄰里、不斷追求進步的社會氛圍——這些大陸的真實情況，也與小時候所接觸的台灣媒體的描述有所出入。

我開始反思，「是否我們對一個地方的人事物的刻板印象，深受所處周遭環境影響？」

反向的文化衝擊與反思

十三歲回台之後，我才發現，過去四年在上海的經歷，已讓我的眼界與思考和同齡人之間產生差異。當台灣的同學談到大陸時，評論道，「大陸髒亂差」、「大陸人連茶葉蛋都買不起」，我會希望消弭認知差異，向他們分享我過去在上海的所見所聞。對此，我發現同學們的反應分為兩類：

第一類是心胸較開闊、願意接受新知的同學，他們會願意聽我分享，將我作為看到更大的世界的眼睛。

第二類則是心胸較封閉的人，不管怎麼溝通，他們依然固執的相信自己想聽的、及自己想看的。

這使我不禁思考，「假如當初我繼續留在台灣，沒有去上海上學的經歷，我是會和心胸開闊的人一樣，願意接受不一樣的資訊、還是會和心胸狹窄的人一樣，繼續用刻板印象增加自信來活著？」

我想恐怕答案不言而喻。

然而這個世界不只是台灣和中國大陸，我們這個社會是否存在對更多國家的人事物的刻板印象？答案是肯定的。

也因此，在遷移住所的過程中，我學會了不從眾、培養獨立思考的能力。十四歲的我領悟到「人一定要走出去，多看看這個世界，而不是守著自己的一畝三分地」。去接受不一樣的價值觀衝擊，在不斷的思想碰撞以及和自我的對話中，建立自己「獨立的對世界的理解」，以及「自己的評判體系」，獲得一顆更開放包容的心，進而活出最適合自己的人生。

自此，我探索世界的腳步從未停止。

形塑成長型思維與創新能力

第三文化小孩的特質與收穫

九歲那年出了國門，我與土生土長的台灣小孩有了明顯的差異，卻在外表上不易顯現，只有在他人深入與我交流後發現。「第三文化小孩」是個專門辭彙，來描述有著像我這樣「在不同文化間成長」的經歷的人。

什麼是第三文化小孩？

根據維基百科的定義，第三文化小孩指的是「在孩提時代於一或多個不屬於自己的原有文化中，處於有影響的一段時間，進而將不同文化特質及思想，融入自己原有文化之中。這個人的文化背景是由家長的第一文化，和他成長當地的第二文化，所融合而成的第三文化。」

第三文化小孩的特質

第三文化孩子的特殊之處在於，由於不在父母的「母國文化」成長，這些人與母國人的思考方式有差異，但也因為沒有完全成長於「居住國」，且依然受制於家人「母國文化」的思想影響，因此也不完全是「居住國」的人的思維，形成自己的「獨特價值觀與視角」。

「第三文化小孩」成了越來越多社會學家研究的對象，除了因為在全球化的趨勢下，第三文化小孩的數量與日俱增，越來越多孩子隨著父母的工作需求，遷移至不同國家學習與成長，還因為其成長經歷所帶來更寬闊的國際視野，成年後逐漸在社會中擔當重任、發揮更大的影響力，最有名的例子即是歐巴馬上任時，其組織的幕僚團隊有三分之一的成員，都是第三文化孩子。

我相信未來「第三文化孩子」將不再是小眾群體。在疫情的催化下，線上辦公、數位遊牧逐漸成為「越來越多人嚮往的工作方式」，人類將打破傳統工作的地理限制，會有更多第三文化孩子應運而生。（事實上，在我開啟數位遊牧寫作之旅來到峇里島，已觀察到許多這類孩子）

因此，在更多第三文化小孩成長為第三文化大人，用獨特的方式發揮影響力之際，我想分享「多元文化成長的背景」，是如何為我灌注成長型思維及創新能力，成為我後續「藍海戰略」思維的根基。

多元成長經歷，為我形塑「成長型思維」及「創新能力」

成長型思維

從小到大因為不斷置身於「新的陌生環境」，頻繁在不同教育系統走跳，我需要在很短時間適應，並追趕進度。

例如，剛搬到上海接受當地的教育，才發現原來上海的「數學」科目比台灣的教學進度提早一至兩年，因為「不小的差距」，使我在剛開始由身在台灣班上前幾名的「優等生」，落為在上海「短暫的末段班」。回台灣之後，從國二插班，因為缺少國一在台的學習經驗，我需要自學「台灣歷史地理、生物」等上海沒有的科目。

所幸的是，我並沒有被挫折擊垮。

相反，我調整了我的預期，我知道自己在新的領域，需要時間適應，因此允許自己慢慢進步。最後，當我以半年的時間，重新站上「班上第一梯隊」，考入上海本地的重點中學；回台後，依靠自學補足沒上過的科目，考入新竹女中。我發現自己能在「艱難的環境中倖存下來，我比我想的要厲害」，這給了我很大的信心！

這樣對於自己能力樂觀的思維方式，也奠定了之後「我願意去挑戰難度更高的事情，拓寬自己的選擇」的基石，並相信當下實力不足，憑藉不斷的努力，未來還是有可能成功，只是時間長短問題。

很多人執行力差，遲遲不敢行動，其實不是「懶惰」，而是「不相信做這件事情，最後一定能有結果」。當大腦覺得「成功的可能性不高」，是不會產生行動力的，也就會「缺乏動力」。

如果你想培養「成長型思維」，就算沒有多元成長背景，依然可以做到。我的建議是「跳出舒適圈：做你平常不會做，或難度高一點的事情」，但調整預期，不要想著「第一次做就取得天大的成果」，你只需要「每天進步一點點」，從「小成果」當中獲得「持續行動的動力」，你就會一直做下去，直到有一天回頭才發現，原來已經走了「這麼長的路」。

創新能力

在上一篇《培養獨立思考》中我提到了，我發現「原來人很容易被自己所處環境的思維方式限制，而不自知」。只有願意「接納新的意見」，在與「不同看待事物的角度與做事方法」的碰撞中，發現「新的可能性」，才會產生創新。

因此，創新能力的底層邏輯其實在於「接納與包容」。

正巧在上海成長的那四年（二〇〇八至二〇一一年）是中國經濟飛速起飛的時候，我最直觀的感受，是當時的「中國大陸非常虛心請教、樂於學習」，他們願意承認過去政策上的失誤，導致中國的發展大幅落後於其他西方國家，因此樂於向「已發展國家」取經，台商也是這時獲得了中國大陸的盛大歡迎。樂於聆聽多方的意見，使得中國有足夠多的資訊判斷「最因地制宜」的發展方式，少走了很多彎路，也得以利用科技的的進步，創造出了屬於中國的「創新」。

另一方面，我也看到了「故步自封」對於「創新能力」的破壞，在中國過去二十年高速發展的同時，很多人則在責罵台灣的原地踏步，究其原因，第一、我認為許多人沈浸在過去亞洲四小龍的成就中，誤以為成功了一次，就能一直處於領先地位，第二、台灣本身的人口組成，即不是一個多元的大熔爐，大家不習慣聆聽「多元的聲音」，再加上「本應該提升國民國際視野」的媒體，長期蒙蔽大家的雙眼，因此「創新能力」往往是長居海外的國人帶了回來，而鮮少是「國內本土」自身的培育。

這讓我了解，創新能力絕對不是空穴來風，在擁有「創新能力之前，我們必須砸碎自己的驕傲與成見」，好讓新的事物進來。當我們願意放下自己，開始去聆聽不一樣的意見，會發現不僅視野更加開闊，看待事物的角度也更加多元，而通往解決問題的方法也不再只有一個。

若不是那個時間段在兩岸的成長經歷，我應該很難在年幼時即領悟到這些，這讓我意識到「踏出舒適圈」對於一個人能產生極大的改變與影響。在變動如此快的時代，「創新能力」是確保自己能一直保有競爭力的重要能力，因此這項覺悟一直深埋在我的潛意識中，成為引領我未來「不斷踏破舒適圈，保持競爭力」的動力。

提升認知層面

參與高中生人文及社會科學營

升上高中後，我參加了一個深刻影響我命運的營隊——高中生人文及社會科學營（簡稱人社營）。這是由國家科學及技術委員會人文及社會科學研究院，和國立臺灣大學聯合舉辦的營隊，通過專題課程結合社會時事以及小組討論，培養高中生的思辨能力及社會關懷力。

在為期十四天的營隊裡，我認識了一批與我同齡、來自各個縣市的優秀又充滿社會抱負的少年。那年正好發生了「太陽花學運」，除了兩岸問題的激烈辯論，我們還深入探討了貧富差距、城鄉教育資源不均等社會議題。

教育議題的啓發

然而一開始我並不認為，我是一個能在這些社會議題領域有卓越見地，未來能做出改變的政治家。看到不少隊友侃侃而談自己對社會的理想時神采奕奕的模樣，條理間彷彿已經預見未來的「立法委員」的時候，我懷疑當時面試的教授選錯人了，我和他們相差甚遠。因此我在營隊時不是「意見領袖」，比較是靜靜地聆聽大家的「不同見解」。

我們討論了很多議題，但是最觸動我心靈的還是「教育議題」。來自各個縣市第一志願的我們，享有最好的教育資源，但是我們都一致認同，「我們今天能站在這裡，不是因為我比別人聰明，而是因為我擁有更多的社會資源」。

了解大家的背景，不難發現我們大多來自背景殷實的家庭、父母注重子女培養、表現優異的我們自然又引起師長更多的關注。而現在我們又能坐在台大的課室，享有超前的學習資源及人生啟發。社會資源就像滾雪球一般，越滾越大。

「你的手為什麼這麼粗糙啊？」「因為我要幫忙爸媽賣魚。」

傳統公立高中的特色是，它如同社會的一個縮影，與私立學校大多數匯聚了家境優渥的孩子不同，我所就讀的新竹女中這類公立高中，它既匯集了希望複製父母成功模式的中產階級的小孩，也有努力讓家庭翻身的工薪階層的孩子。

一天下課時，我和身後的同學討論題目，我注意到同學的手看起來比較粗糙，不像一般青少年的手光滑。我開玩笑的打趣道，「咦，為什麼你的手這麼粗糙啊？」，語畢，我同時伸出我的雙手給她瞧，「你看看我的手，是不是跟你很不同？」，我懷疑她沒有好好照顧自己的手，因此半開玩笑的打趣她。沒想到同學只是淡定的看了看自己的手，回答道「因為我早上都要幫忙我爸媽賣魚，可能是冬天太冷，被凍到了。」她的語氣平靜，像是習以為常，殊不知她的回答已在我的內心投了一顆震撼彈。

當我每天能睡到早上七點鐘，我的同學需要清晨四五點鐘起，幫忙父母賣魚，這意味著，我有更多時間休息，專注在讀書考試上，而我的同學不僅休息時間少，還要忍受身體的勞累，用更少的時間去準備讀書考試。我欽佩我的同學，他們在更艱苦的條件下，達到跟我相同的成就。假若我出生在我同學的家庭環境，我還能達到同樣的位置嗎？每個人出生的起跑線是不一樣的，我以為我和同學是因為付出了同等的努力才到達同一個位置，原來事實是，有的同學需要付出更多努力才能到達。

擁有較少社會資源的人，他們要花更多時間與生活做鬥爭；而擁有更多社會資源的人，擁有更多個人時間，就應該去承擔更大的社會責任，解決更大的社會問題。

當我獲得更多資源的同時，我的責任也就越大。我為目前社會的「仇富」氛圍感到難過，假若大家都只關注在自身利益時，掌握更多社會資源的人無可避免的，就能利用原有的資本將自身資產越滾越大，但假如富人都能常保「取之於社會，用之於社會」的心態，即使具備很多的社會資源，也願意將所掌握到的社會資源利用到大眾的利益上，將社會變得更好，也許社會上的「仇富」將減少。

遺憾的是，當時作為僅十五歲的高中生，我心有餘而力不足，我尚未有改變社會的力量和權力。然而，啟蒙的種子一旦播下，發芽只是時間早晚的問題。

營隊的長期影響

進入大學後，雖然我選擇了商科作為自己的專業，但是平日裡，參與各項社會及公益活動成了我大學生活裡重要的組成部分。我對教育議題產生了濃厚的興趣。如同人社營在我這裡播下了社會學的種子，我也希望自己能為更多人播下啟發人生的種子。

大學期間，我前往多個偏鄉地區，例如甘肅、四川、緬甸等地，成為志工老師，我身兼多職，除了教音樂，還身兼英語及電腦老師，讓孩子們接觸到原先生活中接觸不到的事物，開拓他們的眼界，發現外面更大的世界，以此鼓勵他們走出大山，觸發更多改變人生的動力。

同時，我不會以功利的眼光來衡量大學裡的每個活動，所能帶給我的立即可視化好處。我會以積攢經驗、或是了解真實社會的角度去體驗與我專業無關的活動，例如參與模擬聯合國辯論、香港露宿者街頭訪問、為獨居老人做生命書籍等。這些活動也許不會為我的課業成績加值，卻豐富了我人生體驗的廣度，與探討社會議題的深度，也恰恰是這些經歷，讓我的思想有了更多的撞擊，並在其中獲得新的啟發，成為日後生活的養分。

好的教育應該是長期的投資

當我回顧這一切的改變，我想都歸功於人社營使我對社會議題的啟發，假若沒有早先播下的啟蒙，我的大學生活可能只專注於參與各項商科競賽與實習，而非將經歷拓展到人文社會領域，思維將非常侷限。

眼下的教育常急功近利，希望所有當前的努力可以立刻反映在成績的進步上、升學的榜單上，而忽略了那些「對於人生長期發展有益處，卻不一定能立即顯現在成績的能力的培養。」

人社營提高了我分析事物的格局，儘管當下可能因為閱歷及能力的不足，使我無法發揮預期的正向影響力，然而播下去的種子總有一天會發芽，當我具備回饋社會能力的時候，我會想起當年的感動與震撼，並思考自己的能力可以怎麼發揮影響力。

攝於《2016年與小英總統面對面活動》。高中生人文社會科學營開啓了我對社會學的興趣

我如何從學測輸家，到大學黑馬？

學測失利危機

機會不是留給準備好的人，而是勇敢的人

高中時，我將報考香港的大學列為自己的第一志願，一方面是童年在上海的經歷使我對更大的世界產生好奇，我深知人一定要走出去才不會被所處社會的視角所蒙蔽，而香港作為東西方世界的橋樑，距離台灣也接近，成為最佳的選擇；另一方面，當時香港的大學積極來台灣招生，不僅接受學測成績直接申請，還大方給予獎學金。

因此，從高一起，我就為申請香港的大學做準備。

為將來能夠快速適應全英語的授課環境，我花費更多時間與精力訓練口語及聽力，上托福課程，以及與英語外教的會話課。為保證更高的成功機率，我選擇預錄取賽道，在學測之前便提交申請材料。亦花費額外精力準備英語履歷、自傳及導師推薦信。

然而，儘管做了最完整的鋪路，我依然在終點前的最後一哩路摔了跟頭。

學測成績馬失前蹄

我的學測成績比過去模考成績還要低，並且低於過去香港的大學平均招募標準。

隨著學測的結果從手機螢幕中亮起，夢想的燈火也似乎同時被澆滅。雖然幾間大學的面試通知，已因為投遞預錄取賽道而被自動發出，但我深知成績單一旦回傳給學校後，就算前往面試，也於事無補。

憂傷、憤怒、惋惜的情緒湧上心頭。

然而，當周遭所有人都認為沒有機會時，我卻倔強地依然想把握最後的一根稻草。

面試舉辦在位於台大的「大學博覽會」，我拼盡全力表現。面試官們雖然被我卓越的面試表現所打動，卻也直言我的成績不符合期待，需要評委們之後更進一步的討論。我理解這是為了使我更好下台階的美言。

原以為面試的結束，便是此行的終點，準備回家開始備戰重考，卻在走回大學博覽會的會場路上被一塊招牌所吸引。這塊招牌寫的是「香港浸會大學」。

我對這所大學並不是第一次有所耳聞，早在對香港的大學進行資料搜尋的時候，便留下了印象，然而當時選擇投報商科，而香港浸會大學則是以傳媒專業出名，因此在最初選擇學校的時候，我並沒有遞交申請書。

「香港浸會大學也來台招生？」我驚喜萬分的同時，腳步也不自覺的往那個展舖過去，「反正來都來了，打探一下也無妨」，我心想。

沒想到，這一腳步，卻成了命運的轉淚點。

勇敢為自己爭取

展舖前的一個學長在人潮中朝我走來，他似乎是看到我內心的渴望，因此向我打了招呼。學長是香港浸會大學第一屆招收的台灣學生，這次是第一次代表學校來台招生。我和學長說明了自身的情況，原本預期會因為成績不符合期望，而被婉拒。

沒想到，等來的不是拒絕，卻是一次與教授們面談的機會，「由於這是第一次來台招生，學院可能會給予較多的機會」，學長問我願不願意和現場的教授們聊聊。「既然已經沒有退路，也沒有什麼可怕的，不如就談談看」我點點頭。

學長指了指教授所坐的位置，我徑直走了過去。

在我面前的是兩位商學院教授，其中一位還是商學院副院長。也許是初生之犢不畏虎的勇氣，我緊張卻不怯場向他們做了自我介紹。應當是留下了一個積極的第一印象，兩位教授對我表示歡迎。

提及我來與他們談話的原因，我向他們坦白學測數學成績的不如意，卻不想因為一次滑鐵盧而將三年的努力被埋沒。我拿出平日的在校成績作佐證，說服他們應當以長期的努力作為參考，而非以一戰定結論。

兩位教授的態度亦十分開明，我逐漸有了信心。

我們討論到商學院對於數學能力的要求在每個專業間的不同，比如人力資源管理、市場營銷等等，相比於金融及會計，會更加的寬鬆。聊天結束後，教授們肯定了我的能力，認為我具備足夠的申請條件，願意伸出橄欖枝，給我一次面試的機會。

為自己又爭取到了一間學校的面試資格——冥冥之中，我認為這是上天在關閉了所有出路的大門後，給我留下的窗。

由於早上已有一次面試經驗做為暖身，對於臨時增加的面試我並無太大擔心，反而更能心平氣和對待。

正式的面試開始了，由於先前已經就成績問題進行討論，此次面試的焦點自然而然從成績本身，移到了我個人成長的背景、申請動機、在學計畫等更關注於申請人自身的問題上，平時透過線上平台訓練英語口語的基礎，也在這時展現的淋漓盡致，就算面臨到未準備過的問題，也因為不再執著於成績的緊張情緒中，帶著放鬆的心情，也能輕鬆的迎刃而解。最後與面試官相談甚歡，聊到學校的獎學金、各種機會資源都不比其他香港大學少，並認為有許多是適合我、並能讓我大展身手的舞台，我十分感激，最後帶著無比大的收穫，結束了面試。

不出一個星期，手機的螢幕燈光再次亮起，然而此次不是壞消息，而是錄取大學的好消息，來自香港浸會大學，而這也是申請香港留學這條路上唯一的好消息。

就這樣，我從原本深陷成績考砸的悲傷情緒，以及面臨可能需要重考的壓力中解放，如願重新獲取前往香港留學的門票。

然而，假如不是當時的勇敢，為自己爭取多一個的面試機會，我的香港留學之旅將永遠不可能實現。

深知這個機會的得來不易，我更加珍惜這張入場券，在入學之前把學校的官方網站瀏覽了一遍，包含學校的交換學生項目、實習項目、領導力項目等等，為大學四年做規劃，儘可能最大化這張入場券，所能給我帶來的不一樣的體驗和成長。而我也做到了，前往加州大學柏克萊分校當訪問學者、獲得史丹佛商學院參與創業營的門票、在美國迪士尼世界的打工實習，都是香港浸會大學為我開啟的大門。

命運能為你做最好的安排，但你要邁出腳步去解鎖

當我回首升學經歷的這番挫折，我才恍然大悟，或許這不是一次失敗，而是命運的必然安排，將我導向最適合我的路。

假若我順利的在學測中取得優異的成績，成功的錄取了香港最好的大學，卻因為實際能力不足夠支撐在頂尖學校立足，說不定反而會陷入無盡的自我懷疑。亦或是，我不會如此珍惜我所獲得的機會，把握住學校提供的各項寶貴資源。

而如何讓命運為自己創造更多的選擇，除了能力，也要有跨出去的勇氣。

許多人以為自己沒有獲得好的機會，是自己的努力不夠，花費大量時間在提升自己的能力上。不可否認裝備自己能力是重要的，但當別人不知道你的能力時，創造自己「被看見」的機會，而非靜靜的等待機會找上門，是否才是最有可能突圍的辦法呢？

人永遠沒有百分百準備好的時刻，只能抓住一個時刻，再盡可能的把自己準備的完美。

攝於香港浸會大學。在學期間我積極參與各項活動，最大化在港留學的這張體驗券

參與大學創業營

選擇新興的專業，解鎖不可思議的國際機遇

上篇文章簡略的提到了我在大學四年裡面主要的課外活動，可以發現我投注很大一部分時間在「與創業相關」的活動中，這篇文章我將展開來聊聊，我當時加入創業營的契機，以及這條道路是如何一步步，帶領我走向更大的世界舞台。

香港的商學院大一都採用不分系，讓學生先廣泛的接觸所有商科領域，領域範圍每個學校有些許不同，但是大體上會包含金融、經濟學、市場營銷、人力資源管理等等。再在大二根據自己的興趣，選擇主修的專業。這樣的好處是我們能先接觸各個不同科目，有充足的時間去思考這個主修符不符合自身期待和興趣，再做選擇。

從未想過創業的我，在同學的推薦下加入創業營

我入學時，香港浸會大學尚未設有創業學專修，因此我原先預想的是選修數理要求不高的市場營銷。直到大一下學期，母校成為全港首個設立創業學專修的學校，才出現轉念的契機。

在學校推動創業學的那段時間，開始出現大量關於創業學的宣傳，然而我從未考慮過創業，因此不曾駐足留意。直到一次巧遇相識的同學，正在為「與加州大學柏克萊分校合作的第一屆創業營」做活動宣傳，才第一次停下了腳步。這時我才得知，參與這個活動的獲勝的隊伍，能免費前往柏克萊分校交流。

由於活動的稀缺性及高價值，我產生動念。那時，父親也注意到學校主辦的創業營，非常鼓勵我參加。父親的想法是，「參加創業營不代表將來一定走上創業，但其過程所培養的『創業家思維』將對我受益匪淺」，同時合作過程中我能接觸到商學院以外的人，擴大自己的認知和社交，因此鼓勵我踏出自己的舒適圈，去嘗試自己從未做過的事情。回憶到當時獲得浸會大學的錄取，也是由踏出勇氣的腳步獲得的，我決定採納父親的意見。

在登記報名的最後一晚，我送出了報名表。沒想到這一小步，成了命運再次反轉的關鍵一步。

遇見對教育一樣有熱情的學長，成為創業隊伍的一員

創業營的第一天，由「已經有商業想法的同學，上台做一分鐘提案」拉開序幕。之後大家投票選擇最有潛力的商業點子前十名，而這十個點子的擁有者將成為小隊長，其餘同學再根據興趣選擇隊伍。

當時我只是懷著觀察與學習的心態加入，還沒有商業想法，因此坐在台下。第一位出場的是大三就讀國際政治關係的學長，只見他一上台就敲著黑板，吶喊道「你想改變香港的教育環境嗎？」，令人印象深刻。

學長的商業點子是建立一個線上的補習平台。不同於市面上線上線下的補習機構，由大師壟斷教學，學長希望由在升學考中獲得優異成績的大學生，為中學生提供更經濟實惠的補習選擇。在前篇文章中提到，我在高中時參與人社營而埋下了對於教育議題的熱情種子，因此學長的商業提案戳中了我。

學長的提案在觀眾投票後成功入選前十名，成為隊長而進入選擇組員的反選環節。由於提案過程的激情演講，加上可觀的商業前景，學長的隊伍吸引了大批台下的同學渴望加入。在和學長講述了過去對於教育議題的熱誠及看法後，學長決定邀請我及另外三名同學加入隊伍，其中一位是同校商學院同學，另兩名則是加州大學柏克萊分校的同學。

學長的領導能力極強，曾創立一個教育非營利組織，輔導高中生們進入心儀的大學，協助人數高達數百人。在學長的帶領下，初入創業領域的我雖然對於這個領域不夠熟悉，卻也能在團隊合作中發揮自己的價值，運用多角化思維，協助完善商業模型，並提出可能被質疑的漏洞。

在創業營的最後一天，十組輪流上台做匯報，模擬真實創業者向潛在投資人做匯報。抱著觀摩學習的心態，我對於結果並沒有太大的期待，結果居然獲選為前三名，獲得前往加州大學柏克萊分校交流的資格！

創業營為我解鎖更多機遇

有的人來創業營，只是想獲得柏克萊分校交流的機會，然而學長並非如此，他是真心將創業作為人生夢想。為了實現這樣的抱負，創業營的結束並非我們這個團隊的終點，反而是為創業而努力的起點。

當時粵港澳大灣區為了鼓勵更多大學生創新創業，各式創業比賽層出不窮，一方面希望由年輕人引領更多科技創新上的突破，另一方面也為社會提供更多的就業機會。

我們將最初做的商業企劃書，根據各個比賽的內容要求修改後，又積極投遞參賽，結果屢獲佳績。但其中最讓我們驚喜的，則是入選了香港政府所贊助的「數碼港大學合作夥伴計畫」，除了可以前往數碼港，接受金融科技領域的培訓課程，還被送往史丹佛大學商學院接受矽谷最正宗的創業訓練。

我意識到，加入創業領域，能為我解鎖更多「國際經歷」，對於將來還計畫申請海外研究所有巨大助益，因此在大二選擇專業時，我毅然決然摒棄了原先計劃的市場營銷，轉而選擇較小眾的創業學。

也因為過去累積的創業比賽獲獎經歷，許多關於專業的宣傳，學校最新的創業相關的活動，我都更容易獲取參與的機會，因此才有了在大三時獲得前往柏克萊大學擔任訪問學者的入場卷、以及前往全美創業學排名第一的巴布森學院擔任交換學生，為申請海外研究所打下堅實基礎。

原先無意參加的創業營，卻在我勇敢踏出舒適圈的那一刻，將我的人生徹底翻轉——帶領我走向了創業領域，並且這一切獨特的經歷，都成了我履歷上濃墨重彩的一筆。但假若當時我沒有踏出自己的舒適區，在報名截止日期前一天遞交報名表，往後的這一切精彩紛呈也不會出現。

攝於加州大學柏克萊分校。贏得母校創業營比賽後，順利取得在美國灣區交換的機會

從學測輸家到大學贏家

生涯探索的藍海戰略

從學測失利，到挖掘小眾但發展潛力巨大的學校，透過「遊說老師」，為自己最終爭取到香港留學的機會。之後誤打誤撞進入創業營，為我解鎖寶貴的國際經驗，產生翻天覆地的成長。

總結來說，從學測輸家到大學黑馬，是因為我運用了「藍海戰略」的思考方式。

藍海VS紅海

藍海、紅海，是商業術語，出自書籍《藍海戰略》，由我的碩士母校INSEAD的兩位管理學教授，韓國學者金偉燦和法國學者勒妮莫博涅共同著作，長年是經濟學暢銷書。

紅海指的是市場已經出現眾多同質化的競爭者，因此只能展開「低價戰爭」搶奪市場，形成惡性循環。藍海則代表以「價值創新」取勝的新興市場，市場競爭者少或是尚未有玩家，因此對於新玩家來說有更多的獲利機會。

在商業競爭中有個重要的概念叫做「先進者優勢」，意指在全新的市場中，先發者相較於後進的競爭對手存在許多優勢，包含較易打開品牌知名度、獲得較高的顧客忠誠度、擁有更多市場定價的主動權。

雖然藍海戰略一直主要用於「企業的商業策略制定」上，但是套用在「人生的發展」上，我認為依然可以運用藍海的邏輯。

我的藍海戰略

選擇「小眾但發展潛力大」的賽道

正巧我在選專業的時候，創業學在母校才剛剛成立，許多同學對這個專業不熟悉，也沒有太多資訊說明這個專業畢業後的前景會如何。缺乏學長姐的就讀經驗，願意勇敢選擇新專業的同學不多。

然而當時我敏銳意識到，這可能是個「風口」，原因是「資源傾斜」。創業學才剛被推出，學校為了宣傳此專業，吸引人才加入，投注了比其他專業更多人力資源，產生資源傾倒。再加上外部環境為了因應政府發展「大眾創業，萬眾創新」的政策風向，大大小小商業機構都紛紛推出創業培訓、創業競賽及豐厚獎金吸引大學生參加，給予創業學的學子更多大展身手的舞台。

我不敢說自己能力真的高出他人許多，但是由於選擇了小眾但發展潛力大的學科，又因為在之前創業營累積了不少實力與人脈，建立好的第一印象，也因此獲得了不少機會。先進者優勢再加上資源傾斜，讓我就算自認不是最頂尖聰明的學生，也能順勢而為。

「主動」嘗試增加遇見幸運的機率

我的幸運還包含了幾個關鍵節點，一個是主動走到學校展鋪前，遇到了為香港浸會大學招生的學長，讓我獲得了「學校招生的條件，依然有協調空間」的關鍵信息。假如沒有這個關鍵信息，我不會想到「與教授面對面談」的可能性，可能也就從此與香港留學失之交臂。第二次則是主動出擊鏈接創業營的學長，讓我有機會與「優秀的人」合作，優秀的人聚在一起能撬動更大的槓桿，一起成就更多。

很多時候，幸運不會自己憑空掉下來。如果我在拿到「考砸的學測」成績就放棄自己，依照「慣性邏輯」決定重考，而不去再次勇於嘗試，幸運之門不會為我開啟。如果我埋頭沈浸在應付考試的「讀書學習」，沒有經常在學校走走看看，發現創業營的訊息，我也不會發現「小眾但發展潛力大」的專業賽道。

很多人缺乏主動嘗試的動力，或是擔心被人拒絕。當時我給自己的鼓勵是「我本來就一無所有，有什麼好害怕失去的？」假如失敗了，那我也獲得了一次經驗總結，知道「此路不通」，再回去找別條路走。假如成功了，那就是「意外之喜」，還能在新的機會中獲得更大的成長。

而事實是，大多數時候，我總是能在「主動出擊」中獲得意外之喜。

台上十分鐘，台下十年功

假如平時沒有累積硬實力，當機遇來到面前，也很難把握得住。貴人之所以願意提供幫助，也是在身上看到了「未來的發展潛力」。因此，瞄準「有潛力的學校與專業」固然很重要，「主動鏈接貴人」也必不可少，但這一切都必須奠基在「平時有紮實的知識與技能的儲備」上。

放在我身上，「學測失利」是我的一次失誤，但是平時的在校成績不會說謊，而這也是我個人實力的背書，因此任何成功都沒有投機取巧。我強調的是，如何在現有的基礎上，透過「主動」找到「適合自己的支點」，以此「撬動最大的槓桿」。

準備好「自己的故事」

很多人有紮實的功底，但缺乏的是當機會來的那一刻，不知道如何表達行銷自己，讓貴人在短時間內了解「你的背景？你為什麼獨特？你的潛力有多大？我為什麼要選擇你？」。很多時候我們很容易陷入「學生思維」，認為「金子會自動發光」，想要默默被發現，想要機會自動送到面前。

雖然我早些為申請香港留學的文書，因為學測失利，而沒有派上用場，但是這個過程中學習「如何說好自己的故事」來有效介紹自己，讓我在「機會突如其來」的時候，也能用「實力抓住它」。因此平時除了「培養實力」，還要定期給自己「總結」：我最近在做什麼？收穫了哪些心得？而這些經歷是怎麼能「帶領我走向長遠的目標」？

為什麼個人發展要尋找藍海？

很多學生會陷於優秀學生思維，當我們還在升學階段時，習慣性的去擠入明星學校的窄門，因為明星學校代表更優秀的師資與環境，能激發我們更大的潛能，學校有如一個安全網，學生之間亦有考試、亦有排名，但是更多時候是互利共贏，強者在切磋中激發自己潛能，同時幫助學校達成更好的升學及就業績效。

然而現實社會不如學校般單純，為真實的沙場，大多數情況為贏者全拿的「零和博弈」，比如一家公司佔領一個產業過半市場份額，大多數小公司便難以與之抗衡；公司內的升遷加薪為有限的坑位互相競爭，不是你死就是我活。而過去在升學主義中越表現突出的人，越容易沿用一貫思維，去選擇一條充滿競爭性的道路，為的就是「持續證明自己優秀的渴望」——假如能繼續在競爭激烈的環境中殺出重圍，那就能繼續證明自己的優秀。

這麼做的缺點是，我們可能會過度的執著於某一條道路，而當某一條道路明顯走不通的時候，會產生巨大的挫折，視野的局限性更是限縮我們看到其他道路發展的可能性。事實上，原先所預設的道路遇到阻礙的情況經常發生，出了學校，衡量一個人的標準不再是標準化的考試成績，還充滿著各種人為不可抗力因素。

比如選擇當下大眾所都認可的好專業——資訊工程，相比其他專業的出路薪資更好，然而隨著人工智慧（AI）的發展日趨成熟，初級資訊工程師將會被快速取代，未來留下來的只會是能駕馭及訓練人工智慧的資訊專家。因此，雖然眼下可能出路不錯，但難以保證將來進入職場時，不會被新的科技所取代。

選擇大於努力

大部分人的個人能力及先天智商都差異不大，每個上進的人都願意努力，但努力的成果大小取決於選擇的方向。選擇了「紅海」，脫穎而出就需要面臨更大的競爭，花費更多時間與氣力。選擇了「藍海」，掌握先進者優勢，一個人能夠以更小的力氣，撬動更大的成果。

我們需時刻保持敏銳的觀察力，找到適合自己發揮的平台，當一個平台過於擁擠充滿著競爭者時，我們要有足夠的彈性的心態去選擇去留。雖然在文章中我分享了選擇創業學於我而言是藍海，但我並不是想鼓勵所有人都選擇創業學，也許創業學在出書的當下，已經不是能解鎖最多機遇的專業選擇了。我想藉由這個故事，啟發大家找到適合發揮自己長才的藍海。而如何培養藍海的敏銳度，除了顧及原有的專業領域，多了解市場風向，定期去了解不曾接觸過的領域，多走多看多聽。假如我並未參與過創業營，我也不會發現這條路徑原來能給予我許多發揮才能的機會，這是我鼓勵大家跳出舒適圈的原因。

待在原有的認知全層中，思維容易受同圈層的人固化，視野也會更佳侷限，看不見新的機會。

在人生的重大選擇中，我鼓勵大家都試著把「藍海戰略」納入考量，去思考假如做出這個選擇，背後的代價是什麼？你有多大的機會能從中獲得受益？是否有其他道路也能引領到同一個方向，甚至能彎道超車呢？

冒牌者症候群危機

原來認定自己不夠好的，只是我自己

在上篇文章中談到，跟上一個能力極強的學長，我們團隊的創業爭戰之路十分順遂，儘管那時我只是大一新生，商業能力都還未裝備的充分，卻已被架上高處，獲得許多不可思議的國際級寶貴機會，日常生活也在跟著學長及團隊四處奔走尋找投資人，和每天的主線任務仍是社交及讀書的一般大學生，有了很大的不同，我因而產生了「冒牌者症候群（imposter syndrome）」。

什麼是冒牌者症候群？

冒牌者症候群並非一種心理疾病，而是一種現象，由臨床心理學家Pauline R. Clance和

Suzanne A. Imes提出，指的是一種「深信自己的成就遠高於真實的能耐，而擔心自己總有一天會被別人揭穿」的心理現象。

放在我身上，我認為自己能獲得前往柏克萊分校及史丹佛的門票，是因為碰巧趕上時代的順風車，遇到了能力強的隊友，因此當時在外人眼中的光芒萬丈的我，背後卻是充滿著自我懷疑。大部分獲得同等機會的夥伴們，大多都是大三、大四、甚至大五的學生，擁有更成熟的心智，更完善的商業訓練，甚至已經做過不少實習，而我作為一個剛升上大二的新鮮人，憑什麼能夠與他們平起平坐？

直到一次在史丹佛大學，在給投資人做匯報的訓練時，才第一次讓我意識到，一直以來貶低自己的人，是我，而不是他人。

史丹佛大學的創業訓練，為了讓我們在給投資人做簡報時，能在短時間內說到投資人的心坎裡去，激起投資人的興趣，主辦單位為我們每個團隊安排了簡報訓練，由資深天使投資人擔任每個團隊的訓練師，聆聽我們的匯報，並從投資人角度給我們改善的建議。

創業圈是一個每天都會獲得無數反饋的圈子，當我們向投資人做完商業點子的闡述，十有八九會被質疑，質疑是否真的會有使用者買單，質疑團隊能力，質疑商業前景。一千個人眼中有一千種哈姆雷特，上一秒我們可能獲得一個投資人的青睞，下一秒可能另一個投資人就批評你的商業點子毫不可行。如何分辨對自己有用的意見，在質疑的聲浪中堅定不移自己的願景，考驗著創業者的心智。

那時我太年輕，多重的質疑聲，早已將我的內心打擊的體無完膚。

原來一直以來，認定自己不夠好的，是我自己

因此當資深的天使投資人，作為訓練我們的導師，來到台下聽取我們小組的匯報時，我並沒有太大的期待。冒牌者症候群，加上不斷地外界打擊，我的自信心好似已經消磨殆盡。

匯報結束後，等待著導師的酷刑。導師先是談到了商業點子本身，幸好，沒有多大問題。談到了創造的使用者價值，幸好，導師也沒有很大的歧異；談到了財務預估，幾個假設需要更有論據支持，幸好，這個也相對容易修正。正當我尋思著，好在平安的度過了這一關時，導師卻忽然點到了我的名字，我心頭一顫，「我做錯了什麼？糟糕！」

「我非常欣賞你的台風。作為一個亞洲女性，還能這麼自信的做簡報，不簡單。我所瞭解到的亞洲文化，對於女性勇敢站上台的鼓勵比較少」，雖然這段評語可能含有美國人對於亞洲的刻板印象，但是對我來說，卻是莫大的鼓勵。原來我所認定的理所應當的表現，在別

人眼裡，已經稱得上優秀。

原來一直以來，認定自己不夠好的，是我自己。

矽谷創業者經常面臨冒牌者症候群，尤其是女性

實際上，冒牌者症候群並非只出現在我身上。前往矽谷深度學習交流後，我發現這在加州大學柏克萊分校、史丹佛大學這類頂級學府相當常見，因為深處在高手如雲的競爭環境中，要頂住競爭壓力並突圍而出，並不容易。而我處在的北美科技創業圈本身就是男多女少的環境，女性獲得的理解及支援更少，而女性在遇到困難與挫折時，更容易在「自己身上找問題」，而不是將結果歸因於「不可抗力的環境因子」等外部因素，因此需要更堅強的自我肯定才能戰勝冒牌者症候群的心魔。

重建自我定位

克服冒牌者症候群

接納自己

剖析我的內心，我發現自己最深處的不安全感，來源於在全新又陌生的創業領域，我原先的自我定位受到了挑戰。

過去我所熟悉的自己，是引領他人前進的那束光，童年經歷所帶來的廣闊視野及不錯的學習表現，使我習慣成為「給予他人協助的人」，而這個形象在我加入創業領域後受到了挑戰。

在創業所需要的能力及經驗方面，我不及學長及其他的夥伴們，成了需要努力追趕上他人腳步的人，甚至「需要他人的協助」，而這不是我熟悉的場面，這種落差使我產生了不安全感。但這個代表我真的不優秀嗎？其實不是，我只是欠缺經驗。

培養成長型思維

在第一章中提及的「成長型思維」，在我再一次「遭遇重大挫折」時派上了用場。創業營的導師分享了心理學巨擘Carol Dweck所發現的人的兩種根本思維模式，一類是固定型思維，另一類是成長型思維。

固定型思維的人，會悲觀的認為「人的能力從出生就被決定了」，因此當經歷失敗時，他們會主觀的認定這是由於天賦不夠所導致，而非努力和學習不足，因此這個想法也會限縮他們嘗試新事物的能力，而只留在熟悉的領域。

成長型思維的人則認為，「人的能力可以靠持續的學習努力而有進步」，因此不會輕易被一時的挫折所擊倒，並且會嘗試新事物去發展多項能力。

成長型思維對於創業者而言至關重要，一方面，創業者會頻繁的經歷各種各樣的拒絕與失敗，需要有谷底翻身的堅強心態；另一方面，創業者亦需要身兼多職，一下需要做簡報和投資人匯報，一下又要做銷售、教育用戶。面對許多突如其來、從未面臨過的難題，十分考驗創業者的自學及解決問題能力。因此，創業者也大多是成長型思維的人，才能夠面對困難，依然懷抱著「不放棄」的決心，最終創造奇蹟。

有了這樣的認知，我激勵自己「就算我現在真的能力不如別人，我能站在今天這裡，必然有其原因，可能是他人看到了我的資質，可能是他人看到了我未來發展的潛力，而我又怎麼能妄自菲薄呢？」我知道我要用「成長型思維」克服自己的冒牌者症候群。

重建自我定位

當客觀的分析自己現階段的能力和處境，完全接納自己之後，反而更能自在的和這種焦慮相處。認知到這種現況及焦慮是可以被改變的，也就更有了衝勁。而接下來就是如何在團體中重新找到適合自己的定位，重建成就感和自信。

於是我重新審度自身的優勢及團隊的需求，在哪些領域有重合，而這或許就是我能為團隊創造新價值之處。

學長的口才好，和投資人做溝通都由學長負責，但是這並不是最有效率的方案，學長的壓力過大且容易操勞。在創業的初期，應該使更多人都擁有遊說的能力，快速的拓展版圖。

雖然這個商業點子最初不是我的構想，但是聽了數次學長的簡報，我亦將商業點子及其所能創造的核心價值掌握的十拿九穩，配合我亦不差的演說能力，也能成為獨立與投資人做溝通的二把手。

團隊缺乏產品設計的人才，如何將我們對於這個商業產品的構思具象化，而將與投資人的溝通成本及雙方彼此誤解的機率降到最低，是眼下所最需要的。因此雖然我並沒有數位產品設計的經驗與學習，我亦自告奮勇的擔起責任，透過自學與模仿，生成出像模像樣的產品示意圖，嵌入在我們的簡報中。

我透過重建自我定位，在團隊中發揮更可觀的影響力，逐漸擺脫冒牌者症候群，取而代之的是自信心與成就感的重建，以及解鎖新技能的喜悅。

我們的個人定位及對自我的認知，可能隨著環境的變動而被打碎。當我們遇到更外向的人，可能才發現原來自己比原先所認知的，更需要留時間和空間自我充電；當我們遇到與自己能力重疊，卻又更優秀的人時，我們會懷疑自己是否真的有這樣的天份存在。

但請相信任何變動，都是讓自己更認識自我，挖掘更多潛力的過程，不要因此停止進步的腳步。

在美國當交換學生
從懷疑自己到超強內核

幸運地獲得了在美國交換一年的門票，我也把握機會、竭盡所能的去吸收「美國這塊自由的土壤」所能給予的不同於「東亞教育」的養分。

不畏懼強權

剛到美國的課堂，最讓我驚訝的是「同學和老師互動的踴躍度」，然而這種踴躍度與小時候在上海的經歷不同。

以前上海同學的踴躍發言比較偏向「把握正確答案之後，努力展現自己，爭取老師的肯定」。然而美國學生的踴躍度似乎「無關乎正確答案」，細聽他們的發言，更多時候充滿自己的想法和觀點，而老師也不會因為他們可能的的思考不成熟而直接否定，通常會肯定發言，再做延伸發展。

我從小在擁有「標準答案」的教育系統下成長，習以為常的追求標準答案。假若我無法百分之百確信自己的答案是正確的，那我通常不會在課堂上舉手，一來害怕自己丟臉，二來擔心同學們因為我的偏離發言而認為自己不合群，講廢話浪費大家上課時間。

因此美國同學與教授在課堂裡互動的鬆弛感讓我很吃驚，也很困惑，為什麼美國的同學不認為講錯話會丟臉，或留給老師不好的印象？

在上了文化領導力課程之後，才了解到了「權力距離（Power Distance）」這個概念，表示組織或社會中成員對權力分配不均等這一事實的接受程度。接受的程度越大，則權力距離越大；反之，接受程度越小，權力距離越小。

美國屬於權力距離較小的國家，東亞包含台灣、中國大陸、日韓，都屬於權力距離較大的國家。教授與學生即是一種「存在著權力距離」的關係，教授掌握課堂進度、傳遞知識給學生，屬於課堂環境中的高權力者，而學生接受教授傳遞的資訊，屬於低權力者。在東亞的大權力距離環境中，我們習慣於將教授等高權力者的言論，視為不可被挑戰的教條，然而在美國，權力距離較小，教授雖然同樣是知識的傳授者，但是教授不會認為其學生沒有比他更高的見地，因此他們鼓勵學生多發言，讓他也能從學生的發言中獲取新的觀點，了解年輕人的想法。學生也不會百分百接受教授所說的一切，假若和他們過去的認知產生衝突，他們不會害怕提出質疑，儘管這些質疑看起來像是在忤逆權威。

在美國的課堂中，我第一次體認到原來質疑權威是可以被接受的，甚至這看似忤逆的行為，還會被認可，因為在美國人眼中，這表示「你作為個體有自己的思考，並且不害怕和別人分享觀點」，而這種人更被受到尊重與肯定。

任何想法都有價值

在美國的時間越長，我也開始好奇，「為什麼我在美國的課堂裡，感覺收穫的比在亞洲時更多？」

仔細品味後才發現，因為美國的課堂中不只有教授的知識傳遞，還有來自多元背景的同學的舉手發言，讓我了解到不同的思維方式，增加了我思考的深度和廣度，因此每次上課不只是被動的吸收，還有不同觀點的碰撞，促進我主動思考，再產生自己的觀點。

仔細回想讓我深受啟發的同學發言，我才發現，因為每個人成長背景的不同、文化背景的差異，我們所默認「大家都能想到」的事情，在另一個成長及文化背景的人看來，不一定是顯而易見的，甚至是從未想到過的。因此學會分享自己的故事、內心的想法，不只是一個「自我展現」，還是給予別人一個學習的機會，學習以另一個角度看事情。

這也就引導到我的第二個領悟，那就是每個人都能有自己獨特的觀點，沒有任何想法是愚蠢的，任何的小想法都有存在的價值，你永遠不知道，你以為的「大家都知道」，其實在另一些人眼裡是「完全新鮮的角度」。

這樣的訓練使我更能尊重不同想法。當再遇到與我觀點不一致的人，我不會再先入為主，直接給這個人的言論下評判。而是開啟「好奇模式」，去了解為什麼這個人是這樣想的，背後的思考邏輯是什麼，是怎樣的成長背景造成了這樣的想法，我又能從中學習到什麼。

認識到我與世界頂尖人才的差距

在美國頂尖學府與頂尖高手切磋後，也才讓我認知到「人外有人、天外有天」。美國的頂尖學子不只是「東亞傳統教育下」的乖乖牌學生——勤做筆記的被動吸收，他們對自己選的專業「抱有極大的熱忱」，並且願意花課外時間做大量的「主動學習」，這可以從課堂中他們對老師的提問，以及發表自身看法中，得以窺見。

擔任交換學生的第一天，我還記得老師首先提問「大家這個寒假都做了哪些課外閱讀？可以分享收穫嗎？」我驚訝於老師這樣的提問，默默心想「我寒假唯一看過的書是『臉書（Facebook）』」。以同樣的思維看待別人，我也以為「鮮少人會舉手回應」，畢竟在我所熟知的東亞環境中「年輕人不讀書」已不是什麼新鮮事了。出人意料的是，我身邊所有人都紛紛舉起手，沒舉手的我反而成為少數，讓我既羞愧又詫異。更可怕的是，他們分享的內容之深刻，絕非蜻蜓點水。

只有真實的「熱愛」，才能驅動「主動學習」。也是這時給我敲響了警鐘，「我到底熱愛什麼？」

很多時候，我觀察到的是「東亞教育的好學生」不一定熱愛「讀書學習」，他們熱愛的是認真讀書得到好成績後，他人對自己的「誇讚」以及「虛榮心」的取得。

這也可以從大量的華人小孩，取得優秀成績、從名牌大學畢業、進入「知名大企業」後，好像就泯然眾人矣。很多人可能踏著前人的腳步，循規蹈矩的爬到了企業的中層，他們好像很成功，但卻缺乏「靈魂」，仔細想想，原來是「缺乏熱愛」。唯有真誠的熱愛，才會驅動一個人做出「分享和創新」，才能推動進步。

找到自己的人愛的人會發光

在來到美國交換之前，我對「成功的定義」相對狹隘，儘管我選擇了「小眾的創業系」，看似離經叛道的選擇，卻也離不開根深蒂固的「社會主流價值體系」。我當時的選擇理由很簡單，因為這能為我解鎖更多「名牌」經歷，為履歷加分，坦白講就是「更好社會化」。

還記得那時候已臨近大四，我很好奇美國的大學生會如何安排就業。有一個機會與巴布森學院一名即將畢業同學深入聊天，她提到已經找到美國矽谷一家ESG科技新創的董事長秘書工作。她提到創始人的理念，以及自己對ESG的看法，眼睛閃爍著光芒，眼角是掩飾不住的喜悅。看著她發亮的眼神，我發現儘管她去的不是「名牌大公司」，我居然「好羨慕她」。這與我過往的「體會」完全不同，以前的我追隨的對象是那些「一畢業就拿到大公司門票」的學長姐，認定那就是所謂的「人生勝利組」，而這是我第一次發現「原來找到自己的熱愛」更令人發光。

但也慶幸於這個國際經歷，讓我看到更「多元的價值體系」。不再追求「形式主義」的成功，而是「建構自己對於成功的定義」。

美的定義更加多元

身高一百五十五公分的我，在人群中總是顯得嬌小。先天優勢不足，再加上之前還未找到適合自己的裝扮風格，導致我之前對自己的外貌不很自信。

過去在東亞的環境中，總有關於美麗的板上釘釘的統一標準——要夠高，要夠瘦，要夠白。當我們離這個標準越遠，就越容易被其他人攻擊，久而久之也認為是自己的問題，導致不自信。因此先天就矮小的我，並不認為我「美」，甚至認為這是無法改變的，是需要被動接受的事實。

而我卻在美國看到不一樣的風景。我看到身材豐腴的女性，依然大方的穿著運動內衣，儘管這讓她的小肚腩露了出來；我看到黑人女性自在的穿著亮色系的衣服，儘管這襯托出她皮膚的黝黑。她們不符合我過往環境中的審美觀，但是神奇的是，我居然覺得她們好美。我才發現，原來是她們臉上洋溢著的笑容、飄散著的光彩、散發著的自信，使我為她們傾倒。

我認知到，「過去我所處環境對於美的定義，是狹義的」，而在這裡卻是廣義的——美麗不是由一個人的膚色、身材、臉蛋決定的，而是這個人的自信。

在這樣的熏陶中，我從原先不相信自己能美，變成相信自己也具有「變美的能力」。學習擁抱自己曾經不滿意的地方，透過觀察其他人是怎麼透過衣著、髮型、妝容修飾自己先天條件的不足，強化自己的先天優勢。既然身高不足，那就在比例上下功夫，讓我變得更加自信、大方，也更懂得欣賞別人的獨一無二的美、從不完美中看到閃光點。

美國的交換經歷讓我認識到「權威也是可以被質疑的、我的想法也是有價值的、美的定義更加多元」。同時，也讓我認知到「我與世界頂尖人才的差距」、「過去我對成功定義的過於狹隘」，激發了我對於人生更多的想像。

在美國留學讓我變得更加自信

我如何從畢業即失業中逆襲，進入新加坡高薪管顧業？

畢業即失業危機

曾經飛得有多高，摔得就有多慘

在大一時參加校內創業營，恰巧遇見了能力很強、且非常具有創業抱負的學長一起合作了首個創業專案。短短半年時間，我由一介平凡的大一生，扶搖直上，成為獲得政府資助，能夠免費前往美國頂尖學府——加州大學柏克萊分校，以及史丹佛大學，接受創業訓練的重點栽培對象，還幸運得到學校資助的共享工作空間，供我們團隊免費使用。故事的戲劇性堪比「灰姑娘的故事」。

在短期內獲得眾多成功的結果，是我對「成功」的上癮。及時快速的正向反饋，讓我養成「短時間內就希望看到成果」的壞習慣。當我獲得一個成功所帶來的滿足感之後，就急於投入下一個目標的追逐。盲目不斷的為著下一個目標努力奔跑，缺少時間做反思回顧。

這麼做造成的後果是，我低估了真實社會中，得到正面反饋所需時間的真正長度，且對於需要長期深耕一件事情，缺乏耐心。

習慣於「速食式成功」的我，終於到大四體會到了「非腳踏實地」的後果。

第一次求職，顆粒無收

先是求職時的碰壁，為了提前鎖定大公司的offer，大四上學期時我便開始積極投遞一些中國大陸互聯網公司的「秋招」——大陸各企業針對應屆畢業生的招聘。

香港和臺灣的大多數公司通常是大四下學期才會開始應屆生的招聘工作，然而中國大陸的企業不同，秋招通常會在學生畢業的前一年，也就是大四上學期便開始招聘。那時我剛從美國柏克萊分校完成訪問學者，以為自己有了名校鍍金，一定能在求職市場中所向披靡，我在履歷上並沒有下太多工夫，便草率的送了出去。因此，相比起其他同學深挖各個企業對於履歷的要求，把自己過去的經歷抽絲剝繭，寫到企業所需要的能力關鍵字相比，我的履歷立馬高下立判，輸了！

低估了「千軍萬馬過獨木橋」的競爭壓力，我的三腳貓功夫，在他人的積極備戰下不堪一擊，待我發現苗頭不對，需要調整策略時，才發現為時已晚，錯過了修正的機會。

可能有的人會好奇，既然在大學時期收穫了這麼多創業的訓練及實際操演，為什麼不選擇畢業之後全情投入創業呢？事實上，在實際操作之後，發現沒有全職經歷的我們，依然欠缺創業所需要的專業能力及人脈資源，恰巧又碰上二〇二〇年的疫情爆發，因此討論後我們決定先行就業，創業計畫也因此擱置。

求職不力，是我吃到的第一個閉門羹。既然此路不通，那就轉向另一個戰場。我將目光投向了海外商學碩士的申請，「既然沒有好企業願意收我，那肯定還有好學校願意收留我吧，畢竟我剛從名校擔任訪問學者回來」我心想。

轉向申請海外碩士，依然全軍覆沒

當時心高氣傲的我，鎖定想挑戰申請的學位，亦不是傳統針對大學畢業生只有零到兩年工作經歷的商學碩士學位，而是美國頂尖商學院（例如哈佛商學院、史丹佛商學院、MIT斯隆商學院）近年來所推行的「延遲入學MBA」。

這裡大家可能會疑惑，MBA或多或少有所耳聞，為培養高階經理人的搖籃，但是為什麼會有延遲入學的MBA？

延遲入學MBA的課程內容與傳統的MBA無異，只是傳統MBA需要申請人至少擁有兩年工作資歷才得以申請，而延遲入學MBA則是開啟一個通道給大四即將畢業的同學，在尚未有工作資歷的條件下，就能申請的機會，提前鎖定二至五年之後就讀MBA的資格。

傳統賽道所錄取的MBA學生，過往其經歷大多集中在金融及管理顧問業，MBA學位所賦予學生的轉職機會，能讓錄取延遲入學MBA的同學在職涯規劃上更大膽嘗試，比如說在就讀MBA前去非洲創業，在所關注的社會議題建立慈善機構，探索藝術與商業的結合等等。

儘管延遲入學MBA的宗旨很吸引人，我卻由於臨時轉變畢業後的方向，並沒有明確自己該如何利用正式入學MBA前的時間，做完整職業規劃，也沒有時間研究延遲入學MBA能怎麼為我的職業發展創造價值。

急於抓住一塊浮木的後果是，我沒有預留足夠的時間分析自己的現況，了解真實的內心所求，而是為了撐著過去各種豐功偉業所建立的優秀形象，掩飾求職過程中的挫敗，以及應當順理成章進入一所頂尖研究所的虛榮心，而做的海外碩士申請。

逼迫認清現實，學會慢下腳步

不了解自己的目標，那麼寫下的申請文書是蒼白無力的。當時的我過分相信自己的能力，獨自包辦申請過程的履歷和文書的書寫，卻因為時間壓力，沒有充分研究申請策略及準備方法，寫完初稿並匆忙潤飾兩次後就遞交了。自傲加魯莽的結果便是，海外留學申請也顆粒無收。

求職和升學都遭遇前所未有的挫折，我被動開啟人生中的第一個Gap Year（空檔年）。沒能順利升上海外研究所，也沒有順利在畢業前找到滿意的工作，其實是我過去圖快的個性所留下的後遺症，不紮實的準備讓自己嚐到了苦果。然而人到了谷底，才有觸底反彈的動力。過去追求成功速度的我，在Gap Year的這一年學會了放慢腳步，有了時間反思過去的經歷，更學會傾聽自己內在的聲音，去打造更強大的內在力量，而不再輕易的受外界的評價體系影響自己的決定。此次摔跤的經歷，反倒成為了我日後遭遇挫折，更能夠快速「重整旗鼓」，甚至「腳踏實地追求夢想」的基石。

跌倒了又怎樣，再爬起來就可以

你是自己的自證預言

忙碌了一年，卻歷經求職和升學兩頭空，我沈寂了一段時間。畢業了，原以為自己會展翅翱翔，但反而產生人生第一次「不知道下一步在哪裡？」的迷茫感。大學時打開行事曆，我總有滿滿的規劃——科目的考試、創業的活動、實習申請的截止時間，我總能預知到接下來的時間該如何安排，生活的井然有序。

然而現在，「what’s next?」既沒有公司確定的錄用通知，也沒有學校收留畢業即失業的我，從未有過的失落感席捲而來，「原來風風火火的度過大學生活，最後依然什麼都沒有的事情，真的會發生啊！」

如果外部環境充滿希望，我或許還能抱持著「或許不久後就能找到工作」的樂觀。然而好巧不巧，我畢業於二〇二〇年，新冠疫情肆虐的元年，社會充滿了對未知病毒的恐懼，上升的感染人數、各地封城的消息、醫院人滿為患的景象充斥著每日新聞。人慌了，企業也慌了，大家都在忙於適應全新的生活規範，學習在變化莫測的世界中生存下來。

當生存都成了問題，更遑論發展機會。原本應當給予應屆畢業生發展的平台，也因為各大企業面對未來的不確定性，而縮減甚至暫停招聘。

求職這條路是暫時堵死了，我該如何在這風雨飄搖的時代，逆風翻盤呢？

誠實面對自己，理性分析逆轉勝的策略

我無法改變外部環境，但是我能改變的，是裝備自己的能力。待社會重新恢復秩序，又有新的機遇向年輕人開啟時，我能以更好的姿態、更成熟的心態、更優秀的能力迎戰。

改變的起點，除了心態上的轉折，更要誠實面試自己。我開始反思自己為什麼淪落至此，一方面有外部環境的因素，另一方面有自己的心高氣傲，大學期間開了世面，期望自己能站在更高的舞台，可惜習慣了快速獲得成功的節奏，使我在本該精雕細琢的準備工作上，缺乏耐性。

勝不驕敗不餒。跌了這一跤，才意識到自己的不足，但不代表我沒有迴旋的餘地。

我開始思考「逆風翻盤的策略」。從來沒接觸過「管理顧問業」的我，這才發現這是疫情下少數仍對應屆生伸出橄欖枝的行業。然而，管顧業門檻非常高。我自知需要提升學歷背景，才得以進得了窄門。分析到這裡，申請一個針對應屆畢業生，並以就業目的為導向的商學碩士學位，作為達成職業目標的手段，成了理智又符合現階段需求的選擇。

突破逆境的信念與堅持

儘管確定了方向，不再如畢業初期那般迷茫，卻面臨與上學時截然不同的壓力，「背水一戰的心理壓力」及「社會期待的壓力」。心理壓力來源於對自身的期望，質疑自己的能力，及害怕再經歷一次失敗的恐懼；社會期待的壓力來源於對於父母的愧疚，沒能在畢業之後交付一張滿意的答卷，反倒讓他們為自己擔心。

「人在無路可退的情況下，才知道自己的信念可以有多強大」以前的我不理解信念是什麼，信念似乎只存在成功人士的演說裡，電視機播放的感人廣告里，名人自傳裡，離我遙遠。

一直到別無退路的當下，知道自己無法仰賴任何人將自己從泥巴裡拉出來，只能靠自己扭轉命運時，我才真正掌握了信念的真諦——信念是，在別人都不看好你的情況下，開始對你冷嘲熱諷的時候，依然相信自己，相信時間最終能證明一切的意志力。

「你是自己的自證預言」，我比任何時刻都堅持相信自己一定能成功。有了一次海外升學申請失敗的經驗，第二次我吸取了教訓，不再為了追逐學校的名氣而盲目投遞，而是從自身角度出發，選擇實實在在符合我需求，學校氣質與我更相契合的學校。不再貪圖快速，而是把控每一個細節再作產出。

然而人總有懷疑自己的時刻。當自我懷疑的時候，我說服自己預想最慘的結果，不過就是再次申請失敗，那麼屆時我再全情投入到找工作，也不遲。假若我都能接受最壞的結果，那麼有什麼好焦慮失去的呢？假如現在就是最慘的情況，如同一個彈簧被壓到最底部，那麼接著只能夠向上反彈，只有越來越好。

半年之後，二〇二一年初的一天下午，我收到了來自歐洲工商管理學院的錄取通知電話。

我成功了！

如果說人生第一次的逆境——考學測的挫敗，讓我學會了「命運掌握在自己手中，把握機遇」，這一次的逆境讓我學會了「堅持就是勝利」。過去的我總是很快得到自己渴望的東西，但此次的滑鐵盧，讓我學會了「腳踏實地的長期主義」，以及「專注在自身，排除一切外界紛擾，堅持走下去」的信念的力量。

過去失敗的經歷反而成為寶藏，開啟副業契機

原先以為這段失敗的經歷只是給我一記人生教訓，沒想到還為我打開了「副業的那扇窗」。

我在申請時，深受過往申請者無私在「線上平台」分享的的心得文的幫助，因此當時我希望效仿前人，將累積的「申請留學的知識精華」留存下來，造福之後的申請者。沒想到無心插柳柳成蔭，由於有過申請失敗的經驗，再對比成功時作出的哪些改變，令我知曉哪些是「申請過程中常犯的錯誤」，申請經驗談比其他人更加深刻，逐漸累積到破萬的閱讀量，開始有人私訊希望我幫他們修改文書。

自此，為其他人修改文書，成為我在畢業投入工作後，行有餘力的副業。也正因為有這個副業，讓我學會拓展收入來源，而非把雞蛋放在同一個籃子里。擁有更多底氣，也成為我之後能勇敢辭職，決心嘗試「一人公司」的契機。雖然大學時便已嘗試過創業，然而當時依靠的是學長的創業想法，這次則是由自己掌舵，獨當一面，運用自己的經驗與能力為他人創造價值。

天將降大任於斯人也，必先苦其心志

這個Gap year在很長一段時間，都是我不願提及的過往。其他人的Gap year是去挑戰自我，學習新事物，我的Gap year是走投無路的被動選擇。

然而事過境遷，再之後發現，我和他人在面對逆境時，產生截然不同的心態；在工作後懂得為自己開展副業謀出路。這些，都源於當時Gap year對我的影響。

我體認到，「人不可能一輩子順風順水，遲早會在生命中某個時刻經歷不如意」。然而，失敗經歷的越早，消耗的機會成本越小，卻越早能夠掌握到信念的力量，有過東山再起的經歷，在未來遇到苦難時，更有突破萬難的勇氣和恆心。

在逆境的當下，我們或許會質疑上天為什麼讓自己經歷這樣的苦難，看不懂這段失敗的經驗「對我人生的意義」是什麼？然而當我們跨越了當時的那道坎，才發現原來那段經歷是將我們「塑造成更好的人，為賦予更大的人生任務做準備。」

重新展翅飛翔

在法國留學拓展的人生價值觀

很多人會驚訝於我的碩士是在法國完成的，的確，在美國交換一年的經歷讓我大受震撼，這也是我一開始決心申請美國deferred MBA的原因，雖然申請結果全軍覆沒，卻在不斷資料搜索的過程中，了解了許多原先未知的學校，其中一間學校雖然並非在美國，卻吸引了我的注意，那就是INSEAD（歐洲工商管理學院），INSEAD將自己定位為「Business School for the world（為世界而設的商學院）」，旨在培育國際的商業精英，因此不只在歐洲法國設立校區，在全球各個地方，包含新加坡、中東和美國亦有校區。

這個能在全球多個校區就讀的學校吸引了我，然而它並沒有類似deferred MBA的項目，因此感到扼腕，但是這所學校的名字卻烙印在腦海裡。

重燃希望的火苗是在三個月後，我意外的在LinkedIn上看到了同校的學長收穫了

INSEAD的錄取，令我驚訝，因為學長尚未有全職的工作經歷。原來他錄取的是Master in Management Program（管理碩士學位，簡稱MIM）。不同於MBA要求至少三年的工作經歷，MIM瞄準的是大學畢業生或是全職工作經歷少於兩年的社會新鮮人。而這正符合我的需求。原先以為無緣的學校，又有了希望的曙光，我驚喜萬分。

儘管第二次申請時，我依然同時申請了美國、英國等熱門國家的學位，甚至之後也收到了常春藤的錄取，我依然毅然決然選擇了INSEAD。

這個看似令人不解的選擇，實則深思熟慮，原因是我已經有在美國一年橫跨東西岸的交換經歷，我還想再拓展國際視野，再來是作為一個第三文化小孩，我一直希望能到一個能擁抱自己多元文化成長背景的學校，而沒有任何一間學校比INSEAD更注重學生的國際經歷，我相信在這裡能遇到許多類似背景的同學，一個少數屬於我的地方。

勇敢表達自己意見

如果說在美國交換的一年，是讓我意識到「表達自身意見」的必要性，那麼在INSEAD則是此意識的具體實踐。

INSEAD特別注重多元文化背景的學生組成，因此每個國籍的學生佔比不會超過12％。而為了讓我們學習如何和不同文化背景的人合作，更好適應國際化的工作環境，INSEAD的學生作業通常以小組為單位完成，我們需要學會「和自己背景相差很大」的同學合作。

儘管我們大多都擁有許多出國經驗，但是和不同背景的人一起合作完成任務對我們許多人來說，還是頭一次，因此僅是開學第二天，我和小組組員就在一個時間緊迫的團體任務中，產生了衝突。

任務是一個攻克喜馬拉雅山山頂的角色扮演遊戲，每個角色都有個人目標和團體目標，而成員間的個人目標可能互相衝突，並且在完成個人目標的同時，可能拖累團體目標，因此如何權衡和談判，考驗著每個成員。

來自東亞的我，從小被教育要「多為他人著想」、「要注重團體的和諧勝於個人利益」，因此默默將團體目標放在我的個人目標之前，然而顯然我的歐洲同學，是把個人目標擺到了團體目標之前。因此在我們進行遊戲時，利益的彼此衝突，使我們的對話協商越發具有攻擊性，最後我們非但沒有完成團體目標，同學遊戲時未考慮他人的言語，也讓我非常受傷。

遊戲結束後，我用「沈默」暗示了我的不滿，卻發現我的歐洲同學毫無表示。

在我的原生文化中，「讀懂空氣」是個很重要的能力，察覺團體成員的異樣，是確保團體和諧相當重要的一環，顯然這對歐洲同學不是顯而易見的事情。

過往的我習慣保持沈默，儘管我可能得知衝突的原因，但是我不會表達出來，然而在美國的交換經歷之後，我學會「為自己發聲」，讓歐洲同學也了解到「東亞文化與歐洲文化的差異」。

之後我找團隊成員開了場會，將內心的掙扎，與注意到的「文化差異」和隊友說明白：「我們更加注重團體和諧及集體利益，發聲衝突時，也更偏向選擇拐彎抹角的表達，這與你們直來直往的表達方式有所不同」。

如我所料，他們從來沒有關注到這方面的不同，甚表驚訝。在之後的合作中，也因為我曾經將「文化差異」浮上檯面，大家更留意彼此的情緒，也會在我保持沈默的時候，關心詢問我是否有「未表達的意見」，確保每個人都有表達的機會。這件事成了管理學系program director嘴裡「跨文化團隊合作的經典案例」；畢業後的校友分享中，當時的團隊成員也把這件事情作為在INSEAD跨文化合作的重要體悟，寫成一篇官網分享文章。

我們總是下意識由自己的視角出發，認為別人也是這麼想的，實際上從他人的角度來看，不一定顯而易見，「一定要向他人表明自己的想法」是我在跨文化團隊合作中的重要領悟。「讓他人也學習到我們的文化，而非被動的適應」是我渴望作出的改變。

培養自證價值的底氣

歐洲同學受到了我帶給他們的東亞文化的衝擊的同時，歐洲的價值觀也潛移默化影響了我。

來到法國我學到了新的人生哲學——放慢步調、享受生活。

來到法國之前，我認為美國人已經算追求「工作與生活的平衡」了，來到法國之後才發現小巫見大巫了。事實上，在法國人眼裡，美國人是實實在在的工作狂，美國的幾大發明——漢堡、三明治等等都是為了快速再投入工作而產生的事物。法國就不是這麼一回事了，法餐之所以有名，除了精緻，還相當享受。法國人可以花至少三小時在晚餐上，享受戶外的夕陽與晚風。

在還未抵達法國前，我在線上與法國房東溝通租屋事宜，房東需要花三天時間回覆我一封簡短的郵件，彷彿這筆訂單「她愛賺不賺」，法國人隨遇而安的性格可見一斑。

然而，從「奮鬥文化」來到截然相反的「享受文化」裡，起初我是難以適應的，總是不免抱怨法國人的效率低下。但我知道這是剛到一個新地方的「文化衝擊」，背後產生衝突的原因正是因為「價值觀的不同」。有了在美國的學習經驗，我知道我應該試著去了解這種價值觀形成的原因，試著從他們的角度想事情，那麼結果就不會是彼此互相攻擊、爭論誰對誰錯，反而是換個視角過生活，獲得新的收穫也說不定。

歐洲是一個充滿文化底蘊的地方，法國人的安然自得來源於對於自己生活現狀的滿足感，舉手投足的鬆弛感來源於自身的底氣和自信。我想是因為「法國人已經不需要再透過奮鬥證明什麼」，過去的歷史帶來的民族的自豪感，已經深入了大眾的骨髓。對於大眾來說，名與利不再是統一的追求，強大的底氣，讓所有人都能更自由的追求自己想要的生活。

二十出頭歲的我，剛出社會，總想著盡快闖出一番天地。每天如同一根綳緊了的弦，隨時隨地處在備戰狀態，當我完成一個目標之後，總是著急繼續奔赴下一個目標，我想背後的原因也是因為無比渴望「證明自己的能力、展現自己的價值」，才能在社會上立足。但是當一個人足夠自信，深知自身的能力，便不需要如此努力去獲取別人的肯定，假若你是鑽石，不需要別人的讚美，依然能閃閃發光。

法國讓我學會儲備內在自信，來自閱讀、來自對美的感知、來自真實的為他人提供價值，因此不再需要外在華麗的裝飾、他人的肯定，當我用獨具的藝術慧眼把生活打理的有姿有色，讓神采氣韻自然流露，他人也會被你吸引過來。

就算沒有名牌，我也能透過創新及巧思，彰顯自己的審美與個性。就算追求的不是普世成功的標準，我也能活出另一番風采成為別人追逐的標竿。我需要的不是名牌，而是成為名牌。

從接受別人幫助到成為他人的支柱

我以往一直是班級裡年紀最小的，因此習慣接受其他同學在相處上的包容和照顧。這個情況在我開始在INSEAD就讀後有了改變，我從班裡的妹妹，成了班裡的姊姊。由於多花一年時間重新申請碩士、再加上歐洲的大學學制通常為三年制，而非四年，我的大多數同學普遍比我小了一到兩歲。這樣的轉變，起初讓我不是很適應。

這樣的不自在，源自於對自己更高的期許。我認為較年長的自己，應當在某些方面起到引領作用，然而我不認為自己在課業上或求職上，能夠比其他同學完成的更好。過去的我膚淺的認為，好的引領者，需要的是實力的輾壓，而我認為自己尚未完全具備。直到我在日常中，漸漸成為同學傾訴煩惱的對象，我發現因為過去自己比較多的經歷，能夠將心路歷程分享給他人，成為別人的心靈啟發和後盾。

我這才發現原來好的領導者，需要的並不完全是口才，還需要「傾聽」的能力，願意付出時間、聆聽他人的需求，設身處地感受他所經歷的困難。原來你不一定需要成為「主流能力最強的」，仔細挖掘，會發現「總有一些需求，是你可以發揮的地方。」

不知不覺間，我從過去「拿著紙筆，寫下請教別人的收穫」，變成「別人拿著紙筆，聆聽自己的意見的人」。為了更好的成為他人的指引，我需要總結自己過去的經驗和收穫，這與過去只想著「解決自己的問題，應該找到什麼人、什麼資源」的思維大不相同，當我總結經驗時，我更了解自己，也更理解「為什麼我會變成今天的我」，這過程的起承轉合，挫折與克服的心法等等，逐漸清晰。神奇的是，相比於獲得解答的豁然開朗，成為他人的心靈支柱，更讓我感到滿足。

我想這也是「成長的路上必經的一環」，我們會從什麼事情都不懂、有長輩體諒的蘿蔔頭，被迫成為需要獨當一面、引領他人的大人。但在這蛻變的過程中，我們可能懷疑自己夠不夠格，但是相信我，不要讓自己對於領導者的刻板印象，限制了自己。沒有任何領導者是同一個風格，你可以去尋找到自己的領導風格，但首先需要的是「傾聽他人的需求」，才能了解到你可以給予他人什麼。

如果說跳出舒適圈去到美國的那一年，是將我裝備成一個更為自信的人，那麼再次跳出舒適圈來到法國，那就是在肯定自我價值下，擁有了更多底氣成為能主動分享觀點，給予他人啟發的人。

攝於INSEAD（歐洲工商管理學院），開啓法國碩士留學之旅

大學時從未聽過管顧業的我，如何從創業系進入管顧業？

職涯規劃的藍海戰略

從全球Top商學院畢業依然要面臨嚴峻的就業市場。INSEAD之所以在管顧業有名，正是因為大部分同學畢業後都選擇管顧業為就業首選。因此，我的許多同學，在入學前就已有相當豐富的管顧業實習經歷。

這令我壓力劇增，畢竟我是半路出家，「這是否會成為我的劣勢？」我心想。

然而，最後我卻是競爭激烈的新加坡管顧業，唯二拿到offer的華人（另一個為新加坡人，新加坡政府的就業準則為偏好聘雇本地人）

我探討其原因，除了我的英語口語佔據極大優勢，另一大原因正是因為我的履歷的獨特性。我嘗試過很多領域：教育創業項目、供應鏈科技新創、短影音科技公司、迪士尼園區演藝人員，創科投資基金會。

太多背景相似的競爭者，反而已成為「紅海」

如今的求職市場及工作環境已經無異於一個紅海市場，造成紅海競爭的原因，我認為歸根結底，除了優質的崗位不夠多，無法消化如此多的白領人才，還有每個求職候選人的差異化不夠高。學生無法在講求統一考評的教育系統中找到自己的優勢及獨特性，缺乏認識到自己的與眾不同，也是導致很多人才在求職時、在職場中無法懂得行銷自己，只能追隨「已經成功的模板人物」作為標竿而努力。

因此多數商科學生會選擇依循「最保守的路線」，去傳統四大、大型FMCG、或知名科技公司的實習，為的是提前取得實習生轉正職的門票，或是證明自己對這個產業有強烈動機。當一條成功的路徑已經為眾人所知，大家一股腦的複製過去成功的模式，可想而知這樣的市場將出現眾多類似的人才，競爭將無比激烈。

跨領域創造藍海

當所有人的履歷都呈現差不多的路徑，不僅很難在一眾高度類似的履歷中脫穎而出，更無法體現自己的獨特性。那麼，到底該如何與其他求職者產生更顯著的差異化，為自己創造藍海？

我認為最好的方式是「跨領域」。

這個招式在我過往的求職裡發揮了巨大的成效。假如翻看我的履歷會發現與大多數商科的同學有很大的不同，其中有一個特別與眾不同的，那就是我在迪士尼世界打工度假的經歷，不僅面試迪士尼時面試官對我這個商科學生提出疑問，在我後來面試管理顧問公司的過程中也經常被問及。

我所參與的「Disney College Program」旨在招募全球熱愛迪士尼，並願意將熱愛傳遞給來自世界各地遊客的大學生。錄取的大學生會被分配至全球最大的迪士尼樂園——佛羅里達州的迪士尼世界的各個園區，擔任接待員、攝影師或餐廳服務生等等服務業工作。因為其服務性質，這個項目在我母校是面向社會科學院宣傳的，少有商科學生投遞。

當時我已選擇創業學作為專修，Disney College Program吸引我的原因，不僅是本身對迪士尼的熱愛，還是因為我看到了在服務的過程中，能學習到「觀察他人需求、換位思考的能力」，這些軟實力對於創業是極其重要的能力，因為創業的本質就是發現未被滿足的需求。因為能準確說明看似離經叛道的決定的背後思考邏輯，我獲得了這個迪士尼的機會。

恰恰是因為這個獨特的經歷，讓我在面試第一份管理顧問工作，這個競爭激烈的產業的過程中，有更多不一樣的話題可以和面試官聊，讓面試官投入到我的故事中。由於管理顧問行業又是一個講求能夠多元角度分析問題、說一個好故事的產業，我看似離經叛道的迪士尼經歷，反而突出了我的深度思考和說好故事的能力。

合理化跨領域

如何描述自己為何選擇跨領域，以及跨領域的知識和技能如何包裝，將成為是否能成功行銷自己的關鍵。

作為一個商科生，卻選擇去迪士尼打工度假，是個非常「離經叛道的選擇」，然而我認為，只要你能說清楚這個選擇背後的原因及邏輯，是什麼讓你決定轉換跑道？為什麼想做這個嘗試？這個嘗試你獲得了什麼收穫？這個收穫可以怎樣更好的幫助你達成長遠目標？你獲得的其他產業的知識和技能，將可以怎樣在這份工作中發揮別人沒有的價值？這樣的不同常人不僅讓人眼前為之一亮，還凸顯你個人對於自己職涯思考深刻和有想法。

當迪士尼打工實習這段經歷，落在我充滿自己創業、新創實習的履歷中，而略顯突兀時，我能有邏輯的將這段經歷，是如何幫助到我長遠的創業目標解釋清楚——置身基層每天與顧客面對面的互動，能更加強培養我對顧客的觀察力與同理心。而在我申請管理顧問的工作時，雖然我的履歷與其他已經做了許多戰略相關實習的競爭者的履歷有顯著不同，但是我能解釋新創經歷是如何鍛鍊我由零到一解決問題的能力，而迪士尼的經歷讓我學會從客戶的角度想問題，了解客戶的真實需求，而這些皆是管理顧問協助客戶解決商業難題所需的軟實力，從面試官的角度來說，我的經歷雖然與眾不同，卻邏輯自洽、目標明確、有說服力。

有的人可能會質疑，假若遵循傳統路徑的履歷才是以往被大眾所接受，一定有它的道理。確實，但是它就落入了前面所說的紅海陷阱裡，海裡有很多和你類似的競爭者，因此大家所能比較的，只好是「學歷是否更高？」、「過去實習的公司是否更大有來頭？」這幾個有限的維度。並且，在這幾個維度取得勝利，本身就隱含著巨大的競爭壓力，若一味的只認定只有這幾個方向做到滿分，才能達到期望的目標，那很多人會大失所望，因為本身能夠在這些大型考試、面試中脫穎而出的本身就是少數人，走這個傳統路徑不僅很難出頭，還容易挫敗累累。

那麼怎樣才能夠以奇制勝，那就是上面所說的藍海策略「跨界並整合領域，形成自己的獨特優勢」。

是的，我如果走上傳統的路徑，去四大實習，也許也能讓我獲得之後管理顧問的工作，但是我會在紅海裡，競爭的更加辛苦，或是需要更長時間努力。但是我運用藍海策略，開創了一個屬於自己的獨特道路，這個道路忠於我自己的興趣與理想，反而讓我更輕易脫穎而出。

申請全球頂尖商學院前的注意事項

與自己獨處對話的重要性

提及從「全球頂尖商學院」畢業，總有許多人問我，到底如何申請，該做什麼準備？走過「第一次申請失敗」的心路歷程，我認為最重要的不是「成績」或是「文書」，而是「心態」。心態調整好了、對自己了解深刻了，收穫頂尖商學院的錄取offer是水道渠成的事。以下是我的原因。

更高的學歷不一定是唯一的解方

首先需要破除迷思，更高的學歷不是「所有職涯發展問題」的解決方法。東亞國家受儒家思想的影響，對於學歷的憧憬比其他國家來的更顯著。這也導致很多人在面臨當下的困境時，下意識地以為「是學歷不夠的問題」。我的工作薪資低，那是因為我不是名校畢業的；我升職不上去，那是因為我學歷不夠的關係。因此只要我獲得了更高的學歷，我不僅能離開當前討厭的人事物，還能「自然而然」在將來為自己獲得更理想的高薪工作，實現人生勝利組的目標。

但很多人誤解了人生不是線性的，不是你解鎖了這個成就，就一定會獲得那個結果；而就算有些人真的獲得一直想要的果實——一份好學歷好工作，他們會發現自己也沒有想像中開心，可能這是他人眼中幸福的人生，但是卻不是自己內心想要的。

線型的思維也會潛移默化的把人分成三六九等，學歷背景好的人會誤以為他們的人生肯定會比學歷不好的人更加幸福，這也會導致，當他們發現有些曾經成績不如他們的同學，有一天混的比他們出色的時候，心裡產生不平衡。

這些例子都在在說明，更高的學歷不會自動的解決你所有人生的不幸福，相反的，它還可能在你得到更好的學歷之後，卻沒有帶來你期望的人生改變，而在心裡產生困惑。

更高的學歷是「將你變成更好的自己」的槓桿，而不是目標

我看過一部分人他們申請MBA或是其他更高學歷，是把其視為「人生的一個目標」，因為它能帶來光環，這個想法背後隱涉著「實現了這個目標，我就能幸福」，也隱含著東亞文化中，狀元及第、光宗耀祖的潛意識。

但是就如前面已經說明的，學歷無法自動解決人生中所有的難題。更高的學歷的本質，是你有一個更宏大的目標，並且可以透過這個學歷所帶來的背書，以及彌補了你所欠缺的能力，讓你畢業之後發揮更大的影響力，從而去實現這個更宏大的理想。

招生官能很清楚的辨認哪些人是把學歷當成終極目標，哪些人是槓桿。

如果是把學歷當成終極目標的人，他們會把名校當成登頂前最後一個明珠，他們的文書會不可避免的透露過去的豐功偉業，來證明自己的優秀，配得上申請的名校。

把學歷當成槓桿的人，他們會在文書中表達出他們想要為社會帶來的改變，編織出一個願景，並且向學校說明自己還欠缺哪些能力，需要再到學校進修，從而來實現自己這個更遠大的目標。

這兩種申請人本質上有著巨大的不同，前者是在爭著「獲取」成功的果實，後者則是在磨練「給予」的能力。而越好的學校，越不會把自己的學校的畢業證書當成商品在販賣，而是更強調教書育人，幫助有願景的人達成理想。

與自己對話的重要性——了解你到底想追求什麼

看到這裡或許你已經有些幻滅，如果學歷無法解決問題，那該怎麼辦呢？我覺得最重要的是你需要花時間與自己對話。

對於目前處在困境中，曾把「提升學歷」當成救命稻草的人來說——你當前遇到的問題的根本原因是什麼？

如果你的困境是賺不夠錢，那很抱歉，更高的學歷不一定能讓你賺更多，因為這與當時的經濟環境有較大關聯，假如恰巧碰到二〇二〇年這樣的全球大疫情，高學歷畢業也很難獲得理想中的高薪工作。因此你要思考，賺不夠錢的本質，除了學歷因素，是否還可能是其他原因？例如你對於現在的工作不是最有熱情，因此無法持續提高你的價值和時薪？還是你的優勢是在別的領域？如果還不知道自己的優勢，是否要花時間去做不一樣的嘗試？

如果你的困境是，還沒找到自己的人生目標，那你可以去思考自己做什麼事情會感到滿足？做怎樣的事情會讓你有存在的感覺？回顧過往的人生，你所有人生的重大轉折點，背後的選擇隱含著你怎樣的價值觀？

在不斷的自我對話中，逐步在腦海裡形塑出自己想成為的具體形象，然後反思達到這樣理想的我，現在還欠缺哪些能力，這些欠缺的能力，一個更高的學位真的能幫助到我嗎？那具體可以怎樣幫助呢？

假如答案是「是」，一個更高的學歷能帶領你「成為更好的自己」，比如更大的影響力、更高的思維認知、更高階的人脈網路，那麼你的文書也就水道渠成了——你能說出自己的目標，講出一個動人的故事，能解釋為什麼需要獲得更高學位的原因，而這就是收穫全球頂尖商學院Offer的訣竅——足夠瞭解自己！

假如答案是「否」，這也是一個很好的契機，去給自己人生進行梳理、自我對話。

要說留學申請的過程的最大收穫，我並不認為是獲得那張錄取通知書，而是過程中它讓我反思平常難以回答的大問題，或是一直迴避的問題，那就是我到底想追求什麼？我到底想過怎樣的人生？我所定義的成功與幸福的人生該是怎樣的活法？這個過程讓我不再像一個無頭蒼蠅一樣活著，而是找回人生目標。

如何收穫全球Top 3商學院offer

從全軍覆沒到100%的申請成功率

假如確信頂尖商學院能夠幫助自己未來的職涯發展，那麼這篇文章希望能夠幫助有意願申請的人，分享過去導致我失敗的原因，幫助你避開導致失敗的雷區，以及之後我做了怎樣的修正，大大提升申請的成功率。

你需要避開的雷：只講自己的成功事蹟

第一次申請時，我並沒有站在評審委員的角度思考，他們究竟想看到什麼樣的內容，因此當時我只憑著直覺判定，申請名氣高的學校，在每個申請資料中都要突出自己的優秀，才能「配得上」好學校。

然而歷經失敗後，參與了數十場各個學校舉辦的申請說明會，更深入了解評審委員「想看的內容」後，才發現我過去的直覺想法大錯特錯！

錯誤的認知：只在文書中講自己成功的故事或輝煌的事蹟。

一個完整的申請涵蓋了多個申請資料，根據所申請的學校會有個別浮動的差異，但基本包含你的履歷、個人陳述（Personal Statement，簡稱PS）、推薦信、大學成績單等等。這麼多申請資料中，評審委員通常會從履歷開始看起，再看大學成績單確認GPA，接著看讀書計畫，最後再看推薦信。

從履歷開始看起的原因是，履歷可以大致上了解這個候選人的來歷，包含教育背景，過往的工作經歷和課外活動如何，以此大致掌握這個候選人屬於哪一種類別的候選人（比方說創業背景、管理顧問背景、投資背景等等），幫助他們把握每種類別錄取生的佔比，接著在看到比較特別的經歷的時候，會留下印象，並產生好奇與問題，帶著問題，他們會接著想從個人陳述裡了解候選人的成長經歷，在重大人生節點中為什麼會做出這樣的選擇，比方說，為什麼選讀這個科系？為什麼選擇第一份工作在這家公司？之後是什麼原因選擇轉職？最後看推薦信，評審委員希望可以得到一個由第三方的角度，評價此候選人有哪些其他的優勢，甚至劣勢，作為履歷及讀書計畫中未被提及的補充資訊。

換句話說，履歷是建立好的第一印象，履歷中各個經歷間缺乏陳述的因果關係，需要透過個人陳述得到解答，推薦信則是補充資訊。

第一次申請時我掉入了思維誤區，以為所有的申請資料都要呈現最好的自己，因此我的個人陳述寫的如同「履歷的延伸版」，無法完整說明關鍵節點的轉折，也就無法讓評審委員了解我這個人，我的價值觀，以及我的夢想和目標，去明白我申請學校的清晰目的。評審委員不能夠透過文字與我產生思想上的共鳴或連結，也就無法產生深刻印象，因此落選。

個人陳述的目的，不在於強調自己有多優秀，從履歷及成績單他們已經知曉了你的優秀，因此個人陳述更看重的是，你在各個經歷中的反思，及反思背後的自己的價值觀，而這才是區別你與其他候選人的地方！亦是你的閃光點及與眾不同的地方！畢竟同一件事情，每個人的觀點及切入的角度都大不相同。

讓我從0%晉級到100%成功率的寫法

1. 跌宕起伏的故事情節

人們都喜歡聽故事！有故事才能吸引讀者繼續閱讀！當我們看英雄電影或名人自傳時，

會發現編劇不會一開始就把主角塑造成「所向披靡的樣子」，他們會有挫折，也會有迷惘的時候，這才能凸顯之後他們意志力的堅韌，及成功的來之不易。人性的共通點能讓觀眾與主角共情，更能為他們之後的成功一同歡欣鼓舞。

個人陳述的寫法也是一樣的道理。假如你寫的故事是從小就立志成為一個「商業精英」，並且一直以來都能一步一步獲得你想要的成果，這個故事並不動人且不太真實。

你需要給自己設立一個人物目標，接著將自己過去的經歷，包含人生重大轉折、挫折、思考等串聯成一個「引人入勝的故事」。讓評審委員自然帶入到你的視角中，與你的遭遇及價值觀產生共鳴。

2. 挑選你獨特的經歷

評審委員也是人，在審閱了這麼多文書之後，一定會有閱讀疲勞，因此假若你選擇的題材過於大眾化，例如考試考砸這類，普遍大家都會經歷過的挫折，他人重複寫到的機會很高，可能自己寫的很感動，但是難以給評審委員留下印象。

你越有與人不同的經歷，越容易從眾多的申請者中脫穎而出。

因此假如你有特別的國際經歷、志工經歷、或社團活動，不要吝嗇把他們串進自己的故事中！例如我在文書中就提到了自己在迪士尼打工的經歷：一個年輕的媽媽向我表示她來迪士尼尋找童年的勇氣，因為她即將告訴自己三歲的兒子自己確診了癌症。這讓我了解到一個成功的企業品牌，還能夠產生正向的社會影響——賦予大眾人生的勇氣，進而去體現我在這段經歷當中的「品牌經營思考」。

3.做好學校及項目的研究

評審委員也知道申請者「不會只申請一所學校」。因此，能夠在文書中，展現自己對於學校的了解，提及學校獨有的教學理念、課程內容或其他學校資源，來展現自己對於學校的忠誠度，是非常加分的做法，讓評審委員感受到你是真實熱愛這所學校，並很大機率會選擇來就讀。

如何做到成功說服招生官你為何非讀這個學校，舉例來說：假如你在前面提到，你希望提升數據分析在市場營銷方面的應用能力，在文書後半段可以具體提到你想選修「哪門課程」、「跟隨哪個老師」，而不是模糊地寫「我認為此學程能提升我的數據分析能力」這類寬泛、且適用於所有學校的說法。記住魔鬼就在細節裡！

INSEAD後半段學程在新加坡，順利畢業後取得在新加坡管理顧問的工作

如何從職場小白，到成為核心人物？

新鮮人入職場適應危機

完成比完美更重要

從INSEAD畢業之後，我順利在新加坡找到了我人生中第一份全職工作。帶著「名校畢業」的光環進入職場，一如往常，我凡事奉行「完美主義」。

過去在學生時代，完美主義使我在各個領域都表現的很優異，因為不需要師長push自己，自己對成果就有要求，甚至是吹毛求疵。在別人眼裡已經是滿分的東西，在我眼裡只有八十分。正是因為不斷精益求精的工匠精神，使我要馬就不出手，一出手時就驚艷眾人。

習慣於這樣的反饋模式，使得我更傾向於花長時間，細膩打磨一個作品。只要這個作品在我心中沒有達到一百分，我就絕對不會輕易展示。

然而，大學期間有大把空閒時間可以運用，尚且可以依循這樣的模式。當我帶著這樣的行為模式進入職場，卻讓吃足了苦頭，成為我進入職場的第一課。

完美主義造成的拖延症，讓我的主管急跳牆

在快節奏的管理顧問業，一份任務是以「小時」為基準交付，我壓力劇增，因為這代表我要在極短時間內交付一個完美的成品。

一次早晨，我的項目經理為了一個客戶提案，讓我用兩個小時，搜索各大隱形眼鏡品牌商在東南亞市場的電商佈局，並向她報告。看似簡單直觀的任務，我卻做的磕磕絆絆，原因是我在網路上能找到的資訊太少了，然而我始終認定「找不到是我的問題」，自責心上身，又害怕被經理認定是能力不足，只得不斷搪塞拖延。項目經理忙於處理其他任務，一時也顧不上，一直到下午三點鐘，拖到項目經理慌了，我才在迫不得已下，向她分享現有搜集的資訊。

看著大量的信息缺口，我如坐針氈。

沒想到，經理卻說，「資訊不足本身也是一個洞見，代表市場不夠成體系」，接著她帶著我一起看著有限的資訊，試著找出其中的規律，總結成客戶可以消化的要點。

我這才發現經驗帶來的壁壘，項目經理知道怎麼包裝，讓極其有限的資訊也能點石成

金。假如我早點溝通，讓經理提出她的建議，或許就不用讓她在最後關頭心急如焚了。

職場講求合作，而非個人秀

我反思我拖延的原因，正是因為完美主義使我對自己的成品有要求，而成品還不到位時，害怕自己會「出糗」。然而，職場不是個人秀，在乎的不是個人的優勝劣敗，而是團體的成功。如果因為害怕自己出糗，而遲遲不把現階段的「半完成品」給更有經驗的人過目，即時介入調整，反而耽誤了團體的進度。

我相信這類情況絕不止在我身上發生，在初入職場的好學生身上特別常見，因為過往被經常稱讚「表現的不錯」，於是對自己的期許愈來愈高，不允許自己犯錯。

將上司給到的任務，視為老師交代作業般對待，要把作業寫好才能提交，因此遭遇問題時也不好意思打攪主管，自己悶頭鑽研，成果假如不錯尚且能被原諒，然而最常見的情況是，花了更長的時間產出，結果還不是主管想要的那樣，形成雙輸。

我從科技產品發表的迭代中，放下了對於完美的執念

二〇二二年底，ChatGPT的問世震驚全球，吹響了AI全民化使用的號角。然而一開始，研發ChatGPT的工程師們都認為發佈的模型是不完美的，但是，他們要告訴全世界，「他們做出來了，他們是第一個！」

我相信研發ChatGPT的工程師們也都是該領域的佼佼者，但假如OpenAI過度執著於創造一個一開始即「滿足所有需求，無懈可擊的產品」，而遲遲不發佈模型，可以想見的是，他們可能會被其他公司捷足先登，或是長期陷在自己的思維中，而與市場需求背離。

完成比完美更重要。當時機適宜時，發佈恰到好處的產品，並根據用戶反饋持續改進，才是最佳策略。

了解了這樣的邏輯之後，現在的我不再執著於「一步到位」，而是給自己立訂一個「截止時間」，在這個截止時間前我可以不斷修改優化，然而時間一到，就必須發送，就算仍然有不滿意的地方，那也是我未來可以持續「改善、提升的機會」，這使我大大克服完美主義的拖延症，也讓我得以從他人或環境對我的反饋中不斷精進。

從職場輸家到贏家，我只花了三個月

80／20法則如何幫我提升職場工作效率及影響力

上一篇文章提到了我的「完美主義」，這不僅體現在「完成一件任務的時間長度」，在講求「多任務處理」的管顧業，這也使得我一開始無法為多個任務排列「優先順序」，為此吃足了苦頭。

以時間順序來處理任務，結果一團糟

一開始「我以任務派給我的時間序，來安排各種任務的優先級」，也就是說，假如經理九點鐘告訴我寫一封Email給客戶；九點半合作顧問告訴我，簡報應該修改哪些內容；十點合夥人說想讓我搜索某個資料（……沒錯，這就是管顧業從業人員的真實時刻表），我會以

「先到先處理」的原則，並追求「每個都要做到最好」的精神，去一個個完成任務。

我忽略了，每件任務的重要程度是不一樣的。這麼排序的後果，是我視每項任務同等重要，並且我忽略了派給我任務的人，實際上不知道我還有其他任務，我並沒有溝通我的工作量，去管理他們的預期，只是如老黃牛般一口答應。

結果就是，我在「不重要的任務上，花費過多時間與精力」，「真正重要的任務，反而因為所剩時間不多，只能草率完成」。

剛開始收到上司們的催促與著急的反應，我真是委屈得要死，已經全力衝刺了，忙到連廁所也不敢上，還是讓他們不滿意，對自己大失所望。

80／20法則：用最少的力氣，達到最大效果

之後經理找我復盤，我說我不是不認真，而是太認真、不想讓人失望，腦袋裡塞了太多東西，結果搞不清楚重點為何，造成一團混亂。

也就是那時，她跟我講了受用一輩子的「80／20原則」。

所謂的「80／20法則」，是指在原因和結果、努力和收穫之間，普遍存在著不平衡的關

係，譬如80％的利潤由20％的顧客帶來，80％的財富集中在20％的人手中。

如何才能花最小的力氣，換來最大的成果？經理提醒我，大多數人的努力付出，只會換來「20％的成果」，而聰明的人會將大部分精力投注在「最關鍵的20％」，達到「80％的成果」。

我這才醍醐灌頂，「假如我找到了關鍵點，做出80％的成果，而大多數人都只做出20％的成果，我自然顯得更有價值」

我不再如老黃牛般，所有任務來了就接，還傻傻認定這是別人信賴我的表現；而是會判斷哪些任務是會產生巨大價值的，再投注精力，懂得溝通拒絕重要程度沒那麼高的任務。

神奇的事情發生了，當我不再什麼任務都接、學會拒絕別人，並闡明原因「我目前手頭還有更重要的任務，因為這……」，來解釋這個任務多麼需要我。對方反而認為我更有價值、更加尊重我的時間，那些曾經「重複性高、無成就感、影響力小的工作」也逐漸從我身邊消失了。而我因為掌握到了關鍵任務，發揮了更大影響力，在別人眼中的價值提升，之後又會因為信賴我，而繼續把有價值的任務給到我，形成正向循環。

我比以前工作更輕鬆，但力氣全用在了對的地方。

離開管顧業，80／20法則依然引領我的事業

因為管顧業高密度對於「事情輕重緩急判斷力」的訓練，這種判斷能力成為了直覺反應，讓我在做其他事業的嘗試時，也能迅速抓大放小，做任何事情都能「以最短的速度，達到最大的效果」。

80／20法則讓我得以第一次寫書，迅速抓住我出版書籍的主軸，不寫跑偏，在半年內完成我書籍內容的撰寫。

80／20法則使我第一次嘗試社群媒體行銷自己，就透過一次又一次的貼文反饋，抓住觀眾喜歡的內容重點，精準投放，不到一個月漲粉兩千，兩個月粉絲數破五千。

知道80／20法則的，也正如這個法則名稱一樣，只有20％人會應用自如，因此我希望藉由分享我的故事與歷程，讓更多人認識並學會應用80／20法則，用聰明的辦法做事。

跳脫職場單一評價體系

開拓成就感來源，增加職場自信心

我不習慣於在單一評量系統裡，尋找成就感

在第一章節有提到「我父母重視培育差異化價值」。大多數家長只在乎「成績、名次」，我父母卻不斷提醒我，成績不是全部，他們不會因為我考到第一名而過度開心，反而會因為我在學業保持前段班的同時（全班四十個人，大致維持前五至十名），還有大量的「課外活動」的嘗試，而感到寬慰。

因此我從來不會羨慕考試第一名的人，因為獲取第一名，從邊際效應來說，代表你要花更多時間，只追求一點點的進步的可能性，邊際效應遞減。

因為嘗試很多東西，我的成就感來源也很多，可以是考試維持前面名次，可以是擔任學

生會及社團的幹部，可以是參加英語及國文演講比賽獲獎，等等。

也因此，我不會一次考試考砸就信心崩潰，因為我知道我其他地方做得很好——多元化的成就感來源，使我不會一點風吹草動就徹底被擊垮。

然而，職場只有單一評價體系，而我最不擅長這個

雖然畢業後，我的第一份工作便拿到了人人稱羨的高薪管理顧問，我以為我會從此平步青雲、過上幸福快樂的人生，結果並沒有。

由於職場只有「單一評價體系」，一切是「上司一言堂」，這與我過往熟悉的環境大相徑庭，讓我非常痛苦。

當我以為我達到目標、滿足上司的要求，就會獲得「該有的獎勵」，然而，總有「更高的目標、滿足不完的要求」等著我。我逐漸發現這就是公司的本質，它不是學校，負責來培養你的；它是商業行為，聘僱你，你為公司付出你的時間與價值，而你獲得的，永遠是當初聘僱書裡白紙黑字定下來的酬勞。公司不會為你的成長負責。

升職加薪？依循的也是公司「訂的那套單一邏輯」，而且這套邏輯因應大環境，隨時都

會改變。

現在市場變動那麼大，我怎麼玩得過不斷變動的遊戲規則，因此我不玩了，我不想將自己臣服於「單一的那套評價體系」，我本來就不擅長。從「單一評價體系」獲得成就感，只讓我患得患失、懷疑自己、羨慕他人，我本來不是這樣的人！

跳出公司單一評價體系，重新尋找多元成就感

在傳統職場中，混的好的人，往往是學生時代特別會從「單一評價體系」中取勝的人，他們喜歡競爭、喜歡贏的感覺，因此他們會去琢磨遊戲規則，並且快速調整。

在我眼裡，每個人都是獨特的個體，為什麼要用「單一的評價系統」評判每一個人呢？然而，公司畢竟是營利機構，得用現階段最有效率的方式運營，而我也無法憑藉一己之力改變整套系統。

入職半年後，大概了解職場的真實生態，我決定跳出這單一的評價體系，下班後，做一些副業，開拓自己多元的成就感來源——就如同我學生時代一樣。

神奇的是，當我開始做一些副業嘗試，自信的我又回來了，我在職場裡因為單一評價體

系迷失的自信心，透過從其他地方獲得的成就感，又找回來了。

我的老闆們不知道發生了什麼，然而當我決定不跟著公司玩那套遊戲規則，我講話擲地有聲了、自信使我發出光輝。不患得患失後，我反而在職場中表現得更好了。

與不同職業鏈接

親眼目睹作家生活

在論理想的工作地點時，很多中華區的打工人都會把在新加坡找到工作、移民新加坡當作目標。低所得稅、更有競爭力的薪資待遇，又是以華人為主的國際大城市，是很多人選擇的理由。

我拿到新加坡的工作機會算是在預料之外，當初我將目標鎖定在中東，那邊更加多元的種族組成是作為一個第三文化大人更加嚮往的工作環境，然而可能就是命運的安排，在離中東的offer只差一步之遙，卻與之失之交臂之後，我的前司——一家專注於醫療產業的管理顧問公司，向我伸出了橄欖枝。

確定要暫時定居在新加坡後，找房子成了第一要事。特別是知道公司給予居家工作（work from home）的機會後，我給自己找房子設定的條件是「這個居所不僅要讓我辦公時感到舒適自在，還要有趣——可能是有趣的室友、別具特色的裝修風格」，但總而言之是讓我覺得不無聊，讓工作時的心情變好的地方。

可惜的是，很多房子雖然裝修的特別精美，卻好像一個模子雕出來的，缺少了某種靈魂，我無法想像自己居住在其中的樣子。

搬進共享居住空間，與各國白領交流

一次偶然的機會我看到了一家創業公司他們shared living（共享居住）的概念，他們將新加坡極具歷史特色的shop houses（店屋）重新翻新，再加入藝術家的創作元素，將原本已經廢棄的舊時代建築，打造成充滿藝術氣息共用居住空間，一來透過重新整修，讓外籍住戶們瞭解新加坡的歷史和文化，再來提供一個互相交流的居所。

這家新創的想法與我想獲得「獨特體驗的」這樣的價值觀相符，因此找到了他們合適地點的房子后，我便搬了進去，正式開啟這段不一樣的新加坡生活體驗。

大多數新加坡人很少在外面租房，因為房租貴，年輕人大部分畢業之後仍會選擇先與父母同住，等到年紀差不多時，便會結婚一起領組屋（也稱公共住宅，新加坡政府規定新的組屋需要結婚後才能購買）。因此我在店屋裡面的房友，大部分也都是來到新加坡工作的白領外國人，而非新加坡本地人。

大家做著不同的工作，帶著不同的原因來到新加坡，我有幸因為住在這個共享空間，近距離的觀察不同的工作模式，以及各自的生活狀態，週末的談天說地，也讓我瞭解到不同的價值觀。這些談天，又和學生時期談論的內容不一樣，學生時代更多是文化交流，然而作為社會人士之後，交流更多聚焦在對於工作價值、人生的想法。

青年作家舍友，豐富我的居家工作生活

我認識的第一位舍友是與我同層的Nadia，前面說在外面選擇租房的新加坡人少之又少，Nadia卻是一個例外，認識她時她三十五歲，還未婚未育的她，外在狀態卻像二十五、六歲，令我非常訝異。Nadia是一位作家，寫書一直是她的夢想，身為獨生子女，缺少玩伴的她，書籍從小就是最好的朋友，她也很開心現在能做著她小時候夢想的事，自己出書。這是我第一次近距離認識作家，並能親眼目睹作家一天的生活。

我一直相信，出現在你生命中的每個人，必有其出現的原因，可能是讓你接觸到你過去

從未接觸到的生活方式，或是領悟到過去從未想過的人生課題。

在剛開始，我和Nadia的工作性質可謂是南轅北轍。作為一個商業分析師，我日常的工作內容需要大量的運用左腦——拆解問題，分析問題，為可能的解決方案提出假設，並逐一透過資料搜索、專家訪談去論證，是一個非常注重邏輯思考，因果論證的工作；而Nadia作為一個青少年小說作家，日常運用的則是右腦，運用天馬行空的想像力，感受日常生活中的情緒反應，創造出獨一無二的文字作品。

當兩個南轅北轍的人共用同一張工作臺居家工作，就產生了奇妙的化學反應，因為我們倆都對彼此的工作內容非常陌生，就也產生了興趣。當她在為新的小說人物創造故事時，她會忍不住向我詢問我的想法，我也跟著她開始頭腦風暴，到後來Nadia甚至邀請我為她的新小說一起創造新人物，我們一起打造其個性，以及這個人物和主角互動鉤織的故事線。不可否認的是，與Nadia一起運用想像力的過程，為我極具注重邏輯思考的工作內容增添了許多樂趣。

這也是居家工作的魅力！和傳統辦公室不一樣，我不是只和同樣崗位、同樣思考方式的人一起共事，還可以和截然不同職業的人一起工作，讓工作變的不單調無聊。

同月同日出生的我們，卻做著截然相反的工作

一天居家工作結束后，Nadia邀請我吃晚飯，那時我們才剛認識半個月，忽然她問起我的生日，那時正逢八月初，我說，「喔其實我的生日就在這個月，快到了，我是八月二十九日生。」我清晰記得在我說出「八～月～二～十～」尚未語畢的時候，Nadia的眼睛逐漸張大，直到我話音一落，她大聲叫道「我也是！」

在餐廳里，我們心急的掏出彼此的身份證，證明自己沒有說謊，我們都驚喜的吶喊彼此是認識的生命中第一個同天生日的人，可以想見我們是有多驚訝了。

同月同日生的我們，卻做著截然不同的工作。我不禁思考：「我是否也具有寫作方面的潛能，只是過去的我一直沒有被激發出來，或是因為過往的教育方式讓我將思想局限在某些特定的工作呢？」

上天安排一個跟我同天生日的人，作為同住一個屋簷的層友，必有其命定的安排。

如今我開始旅居生活，將我過去的故事寫成一本書，不可否認Nadia是啟發我這麼做的很大的原因。

「你無法活一個你沒有看過的人生」，因為我曾親眼見過一個作家的生活方式，我才不會覺得這樣的職業離我很遙遠，甚至產生了「我也可以試試看」的念頭，我想在海外生活的意義之一，就是從不同人物身上獲得的啟發，為自己開啟不一樣人生體驗的契機吧！

2022年8月29日與Nadia及店屋所有社友一起慶祝生日

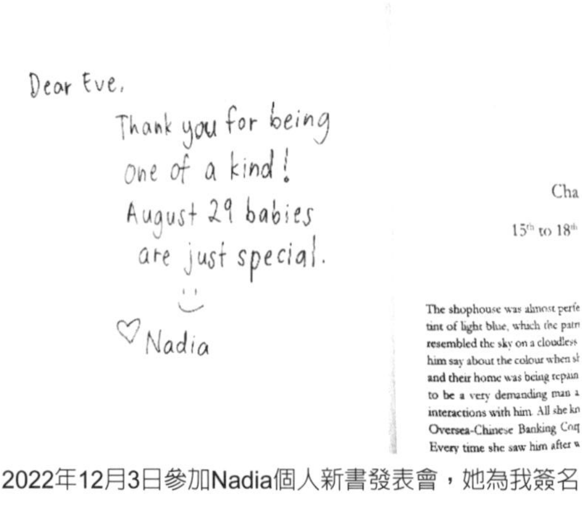

2022年12月3日參加Nadia個人新書發表會，她為我簽名

嘗試新工作也是一種人生投資

如果想擁有從未有過的人生，就要做從未做過的事情

通常住在「共享居所」裡的外國人都是短租三到六個月不等的時間，一方面他們大多只是短期外派來新加坡，不會久居；另一方面這家新創所開立的房租確實比其他的公寓來得高，大多數人將更高的租金視為「有機會住在南洋風格的房子的獨特經歷」，以及「和來自不同國家、不同職業的人相互認識的機會」的一筆投資。

我則是後者。也因為短租的性質，我的舍友們每隔一段時間就會換一波人。有機會認識新的人，也給我日復一日的工作、以及熱帶地區一成不變的氣候生活，增加了點樂趣。

Nadia在我搬進來之後三個月，為著更好的寫自己的新書而搬去了倫敦，不久之後搬進來一個常駐在澳洲的緬甸姊姊Wendy。

臨界退休的澳洲籍緬甸姊姊，啟發我人生應當追求豐富性而非穩定性

Wendy已經接近退休年齡（這正是我最喜愛「共享居住」的地方，你永遠不知道新來的房友所做的職業、也不知道他們的年紀，如果只是一般租屋，可能更多的會選擇和自己職業和年齡差不多的人合住，但是在這裡就像在開盲盒）。

這是我第一次，與年齡相差三十歲以上的人住在一起同一屋簷，與她的接觸中也給我帶來許多新的人生思考。

Wendy兩歲時隨著父母從緬甸搬到了澳洲珀斯（Perth），之後一直常居在澳洲。儘管如此，一開始最令我好奇的是她偶爾不小心迸出的美式口音。原來她在二十九歲離開了澳洲，孤身一人往美國闖蕩。

她是這樣描述她的經歷，「一直到二十九歲之前，她都沒有離開過珀斯，她長在珀斯，在珀斯就學，之後一直在珀斯工作，從未離開過父母獨自生活。終於在二十九歲那年，她意識到假如不為生活做些改變，她將一直待在珀斯，過一個一眼望到頭的人生。於是她在父母的支持下，第一次飛越太平洋，來到了美國」。

「為什麼一眼望到頭的人生不好呢？」我認為Wendy的父母遠渡重洋，從緬甸移民到澳洲，就是希望Wendy能在更好的環境中生長。況且又有多少人希望能在這種地方安逸一輩子呢？可Wendy卻想著跳出來。

「沒有成長性的人生多無趣！」Wendy笑著答道「將同一天重複過三百六十五次是非常無聊的。我所期待的人生是可以不斷挑戰自己、嘗試新的事物、在不斷拓展自己的舒適圈和能力圈的過程中，能讓我獲得極大的滿足！」

「那你是如何找到工作的？」我覺得跨國生活最大的難題除了跨出第一步的勇氣，還要有留在當地的本事，我好奇的問。

「我也是到了那邊才開始找工作，後來我發現人力資源獵頭這個工作門檻較低，但很多本地人因為工時長而不願意做，就開始做了獵頭。」

「後來發現，獵頭這個工作具有很強的線上性質，使我可以有很高的地理位置移動性，可以在不同國家工作，這為我解鎖了更多國際的經歷，讓我的人生更加豐富。」

有了邁出獨立的第一步，Wendy對自己的獨立性更加自信，之後藉著工作的靈活性去到了香港，再輾轉來到了新加坡。

Wendy給我最大的啟發是，她有破釜沈舟的勇氣，勇於跨出第一步，對於一個在三十歲之前都從未有過「離開自己家鄉」經歷的人而言，她能意識到自我成長的瓶頸，勇於突破舒適圈，並真實的採取行動去突破。

人通常習慣待在自己的舒適區，重複過著自己曾經做過的事情。但是Wendy的故事告訴我，「如果你想去擁有你從未有過的人生，你就要做出你從未做過的事情」。

與年長者分享自己對工作及人生的感悟，深受鼓舞

除了從Wendy個人的故事中獲得啟發，和一個年長者交流，我也從Wendy對我的肯定反饋中獲得了更大的信心。畢竟一個年長者隨著年齡與閱歷的增長，對於人生的體會與年輕人大不相同，能更加的有智慧。

那時我已工作半年多，對於工作和人生也有了更多的自己的見解。

我和Wendy分享自己的副業，以及我是如何看待正職工作和副業工作的關係。我說我開創自己的副業就是為了「不把雞蛋放在同一個籃子裡」，除了在金錢上不仰賴唯一一個收入來源，在精神層面上，有了副業讓我不再從唯一一份工作當中找到自己的價值感。沒有副業時，我的所有精神寄託都在這份正職工作上，當我的成就不被看見、或是沒有分配到有價值

感的工作，都會導致我在工作中情緒低落。也因為更期望被公司器重，我在很多方面都在任由公司擺佈，比方說不好意思對主管佈置的臨時任務說不、不敢在公開場合自信發表意見，怕被說想法不成熟、當功勞被別人搶走，卻不敢爭取自身利益，等等。

而當我開始自己的副業，成就感來源不在同一個地方之後，我不僅從副業中獲得了信心，這份信心還正向的影響了我的正職工作，我變得更敢言、更勇於為自己爭取，因為我不再害怕哪天失去這份工作，就要餓死街頭。

從事獵頭工作多年的Wendy對我的想法大為讚賞，沒想到我工作不到一年已有這樣的認知。

「我一直到工作十幾二十年之後才產生了跟你一樣的認知，然而已經晚了，將近年過半百了，已經無法在事業上做出什麼改變了。人確實不應該把雞蛋放在同一顆籃子裡，也應該把工作的主動權掌握在自己手中。」Wendy語帶可惜，但對我的看法十分贊同。

「因為我們這個年代有互聯網，開啟副業、直面客戶變得更加容易，假若沒有互聯網，這也很難辦到。」我和Wendy解釋原因。

「是啊，所以你們這一代更應該把握這樣的機遇，活出你想要的精彩人生！」我也鼓勵Wendy，「誰說年過半百就無法去做自己真正想做的事情呢？任何時候開啟你想要的事業也不晚啊！」

我原以為只是年輕人的異想天開，卻沒想到獲得年長者的贊同，還是一個閱了這麼多履歷、面試過這麼多青年人的獵頭的肯定，讓我尤為欣喜。

不久後因為租金的翻漲，我決定離開共享居住空間，臨走前我和Wendy告別，「Wendy謝謝你分享你的故事，以及給我帶來的啟發。」Wendy對我用「啟發」這一詞彙感到震驚。「對啊，啟發！因為人沒有辦法活一個你沒有看過的人生！」

Wendy和Nadia一樣，都讓我實實在在地認為，如果你沒有看過別人是怎樣過活的，你根本無法想像原來人生的活法還有這麼多不同的可能。「How can you be so young and wise!（你怎麼能這麼年輕又有智慧！）」我沒想到Wendy這樣感歎道。

現在我經常會想起共享居住的這段經歷，遇到的房友Nadia和Wendy，以及和她們之間的對話，她們讓我看到人生不同的可能性，也提前看到不同年齡段的挫折與反思，這啟發了我更勇於追逐自己的夢想，也成了我之後辭職追夢的原動力。

如何擺脫窮忙，找到適合自己的工作和生活模式？

職業初期迷茫危機

從外資管理顧問公司離職

在臨近二十五歲生日的時候，我決定從傳統的菁英軌道下車，走上我認為真正合適我的路。

要是問剛畢業的我，我肯定無法想像我會說出這樣的話。從世界頂尖商學院（INSEAD）畢業，拿到了在新加坡很多人夢寐以求的管理顧問工作，兩百萬台幣的年薪，願意給予高級就業準證（Employment pass）的公司，讓我有機會在不久的將來直接申請新加坡永久居民（PR）。對於初入職場的新鮮人來說，這樣的機會簡直就是天大餡餅，卻不偏不倚砸在我頭上。不可否認我是極其幸運的，但也正是因為提早過上了這樣「夢想」的人生，我才發現原來這樣的「菁英」人生，不代表真正的快樂和幸福。

是的，也許它是別人眼中的幸福人生，卻不是適合我的。

在工作中找到自己的核心價值觀

拿了高薪工作後，我才赫然發現，比起金錢，我更在乎的是個人的影響力，我可以看到我做的事情為個體、為企業、或為社會產生正向影響。曾經我懷著理想，進入專注於醫療產業的管理顧問公司，為的是幫助製藥公司上市新藥，讓更多患者及早被醫治，然而落實到實際的工作中，卻存在著許多無效率、與願景背道而馳的交付內容，我不僅看不到個人的影響力，還與我的價值觀相違背。

對我第二重要的，是自由的時間。在專案時間短、任務重的工作常態下，顧問們就算在家裡、在出差路上，大部分時間都只能在電腦面前守候，連上廁所的時間都在擔心會不會有新的消息來。假若繼續升職能獲得想要的自由時間，那尚可接受，但當我觀察在我之上的經理和合夥人們，發現等待著的是「更加不固定的工作時間，及更長時的隨時待命」，我感到背脊發涼。

對我還很重要的，是帶得走的個人資源。為人打工始終是一筆交易買賣，公司認為你能為公司產生的價值大於你的工資，因此聘僱你。特別是大公司職務拆分更加細緻，若把公司比喻為一個巨大的機器，每個人所被分配到的職務內容相當於一顆螺絲，螺絲只有在機器裡才能發揮作用，除非掌握了公司核心業務的能力，否則離開了機器，也就沒了用武之地。在公司裡，我已盡可能的在繁瑣的日常工作中，為自己爭取觀察到核心業務是如何由零到一完成的過程。然而隨著經濟下行，管理顧問行業作為服務於企業的乙方，首當其衝受到波及，越來越多重複性及沒有成長性的工作充斥著每日，作為年輕人，我認為應當在黃金時光積累帶得走的能力和資源，然而在公司苟且，除了微薄增長的薪資和年歲，沒有實質性的進步，讓我心生警惕。

我仔細思索，就算現在拿得高薪，卻也只是短暫的安逸，繼續留下去而沒有主動的改變，永遠無法達到我嚮往的幸福人生。

那麼我所希望的人生是怎麼樣的呢？

構想自己希望的生活方式

我所設想的幸福人生，是能自由選擇自己的工作內容，只做自己認為「會產生正向影響力的」的任務，在「知行合一」的過程中，獲得「滿足感」。

我可以有選擇工作時間的自由。當今天靈感迸發時，便花更多時間投入工作；當狀態不好時，則允許自己休息去享受「浪費時間」的快樂，從日常生活中的發呆，再次獲得工作的靈感。當家人生病時，我也不用受限於公司所規定的假期數目，不必卑躬屈膝向公司請假，而可以自由調整時間表，快速的回到家人身邊。而當我未來有了家庭，我也可以有主動權選擇特定時間的工作量，不會因為工作繁重而犧牲了陪伴子女成長的寶貴時光。

我可以在任何地點工作。我不想被公司的所在地點局限，然後用每年寥寥無幾的假期才能換來在別的地方旅遊喘息的機會。學生時期我非常幸運能有多次出國的機會，讓我深入體驗美國、新加坡、中東不同的文化及價值體系，而這樣的體驗，我不想因為工作而戛然而止。相比於蜻蜓點水的打卡式旅遊，我更偏向長期深入一個異文化生活，了解到當地文化和歷史的旅居方式。因此我需要的工作形式是「無需受限於地理環境」，使我能夠「在生活的地方工作，而不是在工作的地方生活」。

我可以選擇志同道合的合作夥伴。傳統上，我們進入一家公司一起合作的同事，都是被動配對的，就算價值觀不同，還要一起合作，被迫維持關係，使我非常痛苦。我所理想的工作模式，是一群性格可以互補、意見可以不同，但是必須因著相同的價值觀和目標而奮鬥的工作夥伴，每個人都有一定的發言權，能看到自己的影響力。

了解如何才能抵達想要的生活方式

那麼怎樣的工作型態可以幫助我達到時間、地理環境又合作夥伴自由呢？

傳統打卡式的公司型態，肯定滿足不了我的需求，直接排除；疫情之後有部分企業提供員工遠距離辦公的選項（包括我前司），可以實現地理環境的自由，卻仍然無法達到時間和合作夥伴選擇權的自由，期待你在特定時間在線上待命，有如無形的枷鎖，同事層級關係依然存在，因此也不符合。

我逐漸明白到，只要稍微有點規模的公司，都無法提供給我同時滿足這三者自由需求的工作。適合我的工作形式，是小型的工作團隊，最好是以個人品牌為基礎，因為喜歡我這個人、認同我能為他人提供的價值，來願意為我的服務買單，或者與我進行商務合作。除了自由，塑造個人品牌不僅滿足我發揮個人影響力的需求，也能為我打造能帶走的個人能力和資源。因此我需要做的，是打造個人品牌，向外發聲，讓別人除了名片上的名字以外，還能了解我的故事，我的所思所想，我的價值觀，來吸引潛在的客戶和合作對象。

這麼梳理明白之後，我知道有朝一日必須離開現在的環境，展開行動才能朝理想生活更進一步。

很多學生進入社會之後，反而心裡有一種「空」，這種空來源於，沒有人再要求你的生活應該長什麼樣，應該達成什麼樣的目標。當你不知道自己想要什麼，別人就會來對你的生活指指點點，安排你的生活。只有不害怕自我對話，在每個經驗裡反覆總結，越來越了解自己理想中的生活型態是怎樣，才能有目標性的調整。

於是，當一切準備就緒之後，快滿二十五歲時，我從新加坡的外資管理顧問公司離職了。然而，沒有一條路是白走的，正是有了在大公司打工的經驗，我才有了對「菁英人生」怯魅的過程，使我正視到公司和打工人的利益關係，更瞭解自己的強項和興趣，開始思考我真正想過的人生的型態是怎樣。

希望這段剖析自我的歷程可以給讀者啟發，當生活遇到瓶頸時，先覆盤這段歷程讓你了解到自己什麼，你所期待的生活方式是怎樣，你可以通過怎樣的改變達到理想的生活方式，共勉之。

如何從第一份工作的反饋中修正自己的道路

逐漸找到合適自己的工作

出社會後，每個人每天都要花大半時間在工作，就算是一個無須加班的「朝九晚五」工作，那也是一天八個小時——佔據一天三分之一的時間。除此之外，加上通勤、吃飯、睡覺的時間，一天當中真正留給自己的時間所剩無幾。因此如果一個人無法從工作獲得「成就感」，那就很容易產生消極情緒，彷彿「活著就是為了工作，其他時間用來的通勤、吃飯、睡覺居然還是為了支撐毫無意義的工作。」

如何獲取成就感？那就必須做「自己擅長的事情」。不僅能更輕鬆發揮自己的能力，還會成為他人景仰的對象。因此找到自己的天份，在工作中，甚至放寬到人生整個長度，都是至關重要，並且影響人生幸福感的重要之事。

工作與學生時代相反，應該找到長板而非補足短板

很多人其實在做「不適合自己的工作」而不自知。學生時期我們很習慣一定要「補強弱點」，成績才能大幅提高（的確這適用在學生時期）。然而出了社會，在不適合自己的領域不斷補強，你不但會做得很辛苦，也很難超越有「天分」的人輕而易舉就能達到的高度。相反，在天份上努力，能讓人「充滿魅力」，並且「花更少的力氣，達到更大的成效」，更容易在職場脫穎而出。

每個人都有自己的天賦，不是所謂的「天才」、「智力超群」的人，才值得被說自己有哪方面的天分。據我觀察，天賦恰恰是「發揮自如，卻不自知」的能力，你在某個領域能輕鬆的做得比大部分人更快、更好，但不一定需要你成為那個領域的Top 1％。大家經常忘記就算是天賦，也需要練習。因此你不需要擁有前1％的天賦，只要你勇敢探索，找到「天賦」，把它作為自己的重點發展方向，最終成為自己的「專長」——讓你最終可以在職場站穩腳步的「必殺技」。

從小到大在東亞的教育下，我們並沒有花很多時間在尋找自己的天賦，大部分時間都拿

來做題和考試。因此大部分的人的職業選擇，大多都是根據大學的科系，所對應的職業。累積了第一份工作經驗，再根據前面一份工作經驗，再找到與之相關的工作，這樣的結果是選擇的範圍越來越窄。假如沒有在職業早期，有意識調整到合適自己的工作，那之後就更難做大幅度的調整。

在不確定自己天賦時，我選擇「管理顧問」作為我的職涯起點，一方面是因為管理顧問能接觸到各種不同行業和細分領域，給予我未來職業選擇的彈性，另一方面是管理顧問的日常工作更多樣化，接觸面廣的情況下，我能很快發現我做「哪些工作更得心應手、哪些工作做得很痛苦」。

如何透過自我覺察，找到「發揮自如，卻不自知」的天賦

國高中時，我總是會在老師的推舉下，獲得許多登台機會，「演講、朗讀、說故事比賽」，經常會有我的身影，這可能是我的天賦，然而我不敢肯定，也不知道工作場域「是否需要這種天賦」，並且能為團隊「產生什麼價值」？

但是在工作中，我逐漸確認了我的「表達天賦」，以及這個天賦該如何發揮在實際的工

作場景。

以下是我用的方法做天賦確認：

1.觀察自己最經常被誇獎的是什麼

例如：我曾多次被不同主管稱讚，口頭表達能力充滿自信、面對客戶無所畏懼。獲得專家的肯定，比來自親戚好友的肯定，更讓我明白，原來我的口語表達確實過人，且能應用在與客戶的匯報上。

2.觀察自己做怎樣的工作最享受

例如：我在工作中最享受的是有自由發揮空間的工作內容。例如做簡報，主管不給我預設框架，讓我自由發揮，最後的產出往往不錯，並且我也非常享受從零到一創造的過程。

3.觀察自己做哪些工作最痛苦

例如：我對於重複性的工作、無法直接看到成果的工作內容，容易感到不耐煩。比方說搜索二手資訊，雖然了解市場信息很重要，但是因為距離項目成果的距離還遙遠，我更難從中找到價值。

透過這個觀察，讓我更加肯定，我更適合做「台前」的工作，而不是「幕後」的工作。如果我常被分配到「幕後」的工作，例如市場調研、數據分析，會讓我覺得「被擺在了錯誤的位置」，也就難以在工作上獲得滿足感。

瞭解了自己的天賦後，我更主動的去爭取能發揮我「天賦」的工作內容，經過不斷地練習，將天賦逐漸轉化為「長處」。同時，也因為是自己的強項，表現的得心應手，反而在職場上的評價更加出彩，主管也願意釋放更多「適合我的工作內容」。

如何利用工具方法，找到自身天賦

如果你想進一步透過「工具方法」，確認自己的天賦，我非常推薦「工作重要度——適合度四象限」。參考自《獨立工作者：現在開始為自己工作》。

這個方法鼓勵你將平日裡所做的工作內容，進一步拆分，並用兩個維度評級，（1）工作適合度：這個工作內容適合自己的個性嗎？以及（2）工作重要度：這項工作內容對公司的重要性如何？

利用這個評級，所有的工作內容會被分類到四個象限：專案區、壓力區、興趣區、雜事區。

- 落在專案區的工作是指工作內容受到公司重視，同時又符合你的興趣和能力，這類型的工作是你最應該側重發展、逐步發展成自己的專長。
- 落在壓力區的工作是指工作內容本身對公司很重要，但是不符合你的興趣，或是不是你的優勢，因此做起來會覺得辛苦。但是因為工作的重要性，依然要花較多精力。
- 落在興趣區的工作是指你本身做起來有成就感的工作內容，然而目前並不受到公司重視。雖然目前不受到重視，但不代表將來不會，說不定跳了槽就成了別家公司的重視領

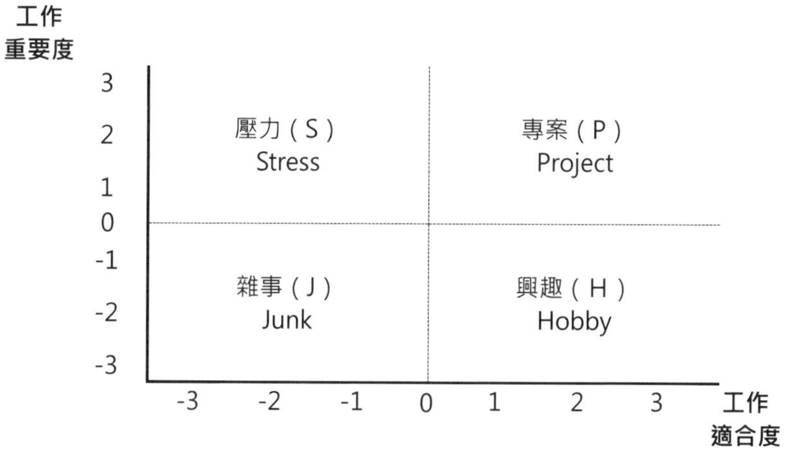

域，因此不應該只把它當興趣看待，也應該花適當的精力在上面持續進步。

• 落在雜事區的工作是指不受公司重視，自己做起來也無成就感的工作內容。應該在這方面少花精力。

將所有的工作內容都分好類，你將會發現最應該得到重視、專注培養的是落在專案區（P）及興趣區（H）的工作。

專案區的工作附加價值最高，同時也是自己最擅長的工作；興趣區的工作具有熱誠，雖然當下價值產生不明顯，但是未來可能大放異彩。假如我們有意識的將資源和時間都灌注在專案區和興趣區的幾個重點工作內容上，這幾個重點將逐漸變成自己的專長，變成無可替代的「必殺技」，也是你在競爭激烈的職場中站穩腳跟的基石。

人的精力是有限的，最怕像一個無頭蒼蠅一樣努力，把所有的精力平分給所有的工作，假如太多精力投注在雜事區的工作中，你的能力也將不會有太大提升。

「工作重要度——適合度四象限」也可用於評估自己職涯發展的下一步，應該內部轉職，跳槽，還是轉換跑道？

假如將你的工作現狀繪製到這個象限表之後發現，你的工作內容大部分落在專案區，那你可以繼續留在當前的工作，強化專業能力；假如你的工作落在壓力區比較多，也就是做的大部分是你不擅長的工作，但是考慮到你曾經在公司工作的重要性，你可以考慮內部轉職到更適合自己的工作的部門；假如你所做的事情大部分落在興趣區，代表在現在的公司，你的才能無法做出很好的展現，不如跳槽到更加重視你能力的公司，或是自己創業；假如你所做的大部分是雜事，那就要考慮盡快轉換到不同跑道，早點累積重要性高又適合自己的工作，才能盡快累積自己的實戰經驗和磨練必殺技。

我在第一份工作的不同時期做了兩次這個象限表，由第一次較多工作落在壓力區與專案區，到後來由於行業和經濟下行的關係，工作內容更多的落到了興趣區與雜事區，使我產

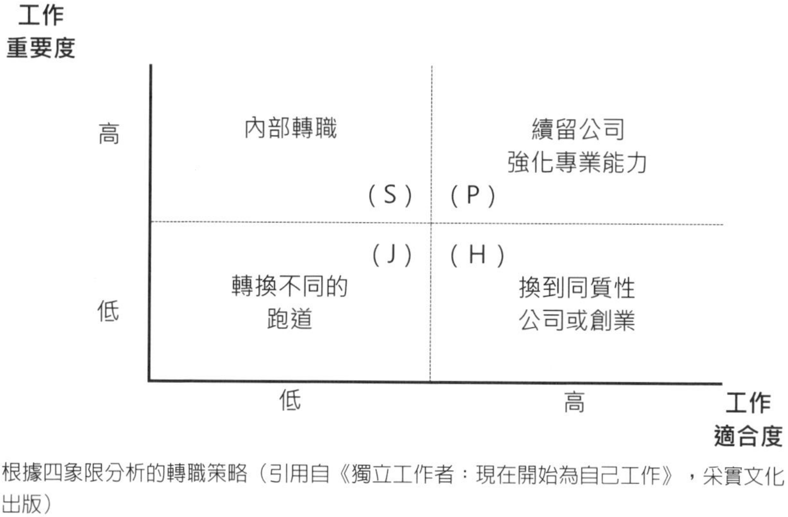

根據四象限分析的轉職策略（引用自《獨立工作者：現在開始為自己工作》，采實文化出版）

生轉換跑道和自己嘗試創業的想法。

因此這個象限表不代表只需要做一次，可以隔三差五就拿來衡量目前的工作狀態，選擇相對的應對方案。相信我第一份工作就找到自己的天職工作是少數，祝福大家能夠用以上方法，在工作當中找到天賦，為自己的職涯做好穩妥的下一步。

網路時代，得以實現從「窮忙」到「提早退休」

底層邏輯：獲取自己的生產資料

「窮忙」——當今的工作環境問題

這個時代的年輕人害怕「窮忙」。如果說父母那個年代，忙碌可以真實的改善家庭條件，提升生活品質。現在的忙碌，更可能只是窮忙，薪資的漲幅追趕不上物價和房價的速度，每天花費超過一半的時間給工作，卻也只是勉強的活著，每個月賺的錢與花銷勉強抵銷，存不到錢實現夢想，更遑論有些工作加班成了慣性，賺不到錢還把身體拉垮。

這個時代的年輕人還充滿了「不安全感」。父母那個年代，經濟起飛，努力就會有實質的收穫，然而現在的年輕人處於充滿不穩定性的時代，不僅經濟環境不好，世界局勢還動蕩不安，二〇二〇年爆發的新冠疫情、二〇二一年爆發的烏俄戰爭、二〇二三年發生的以巴衝突，兩岸緊張關係升溫，讓我們體認到，一個不可抗拒的因素都可能轉瞬徹底改變我們原先的生活，將過往的努力一夕歸零。

這個時代的年輕人還嚮往自由，由於外在不穩定的環境，將這個時代的年輕人塑造的更具有環境適應力和彈性。然而進入職場才發現，職場依然慣用舊時代的管理方式，不問「個性、理想、價值觀」，要求絕對的服從，制度僵化，再加上過去社會普遍認知的「一份工作應該做幾年才能換，不然履歷不好看」讓年輕人進入了不適合的環境也不敢輕易的離職，委屈卻又身不由己。

窮忙卻改變不了社會階層、隨時失去工作的不安全感、職場環境找不到價值感，導致青年對於工作的不滿與日俱增。

從大平台到小個體——環境的逐漸改變

在數位科技尚不普及的年代，人們必須到大平台才能發揮更大的個人影響力。原因是過去沒有網際網路作為媒介，資訊普及較慢，假若以一個人名義出來創業，需要花長時間建立品牌知名度，慢慢累積客戶信賴，才能獲得穩定訂單。

擁有悠久歷史的大公司則不同，人們信賴並且會優先選擇這些大品牌來合作，因此進到大公司上班，才能獲得更高機會和大型客戶合作，公司有穩定訂單，工作和福利也更有保障。這也是為什麼過去大家嚮往到大公司工作，並且寄希望於子女好好念書，未來到知名的公司上班，正是因為能獲得更好的保障和更多成長空間。

然而隨著資訊發展，形形色色數位平台的出現，逐步打破了這個框架限制，許多新職業應運而生，Youtuber、數位寫作者、線上接案者等新名詞進入了人們的視野。原先只是一小部分人從社群媒體發跡，剛開始還會被嘲諷不務正業，但是漸漸有越來越多人把它作為全職工作，其中不乏高學歷者加入，還有人因此發家致富，成為有公眾影響力的人物，讓大家逐漸意識到，原來不一定要去大公司，現在有數位平台賦予一般人「直接」與潛在客戶產生深度連結的辦法，能自己獨立成為一人創業家，既能締造個人影響力，還可以不受大公司條條框框的規定所綁架，好不自在。

這也使得這類充滿創造性與自由的工作，成為年輕人的嚮往職業。

科技讓人能夠更早退休，傳統做到六十五歲再退休的模式一去不復返

利用網路平台工作，還有個根本的邏輯，那就是得以讓人「以更小的力氣，實現翻倍的成果」。

過去的人們認為「高薪，勢必得當上大公司的主管才得以實現，雖然會因此增加工時，然而高薪代表有更高機會早點存錢，早點退休，早點享受人生。」我過去在管理顧問公司的高薪工作即是如此，高薪即是「工時長」的結果。

然而，科技平台打破了這一長久的規則。網路平台讓人可以實現「複利」，將一次努力的成果，重複銷售給許多人。比方說一條短影音、一篇短文，在你睡覺時，依然可以利用「演算法」，吸引上萬個潛在客戶。長時間打磨出來的自己的產品，尤其是數位產品，能一次賣給許多人，例如數位課程。你可以「花費更少時間工作，卻產生更大的收益」——這完全顛覆了以往人們對高薪工作的想像。

同時，依托網路平台，創業成本變得極低，你不用開實體店，有一個社群媒體帳號，讓用戶找得到你就可以（免費！）；你可以沒有實體產品，而是創造數位產品，比如課程／文

章／諮詢服務（用電腦就能辦公，獲得地理自由！）；重點是，你終於可以擁有「自己的生產資料／產品」，可以重複銷售，你的每一份努力，不再只有一份成果，而是「無上限」。

每個人的能力，都可以因為科技平台的加乘，被放大無限倍，並且透過科技平台演算法，持續為自己在睡覺時，找到為你買單的用戶。

利用網路平台工作的底層邏輯——獲得自己的「生產資料」

從為「大公司」打工可能的「窮忙」，到利用「網路平台」工作的「及早退休」，背後如何實現的底層邏輯在於「你能否獲得自己的生產資料」。

我所謂的生產資料，是你擁有這個成品的著作權、所有權。你有權利選擇將它放在大眾面前進行銷售。

過去我在管理顧問公司工作，我花費長時間做出來的資料，最終所有權不是我的，並不能冠上「我的名字」，而是全然賣給了公司。因此除了令人稱羨的「公司頭銜」，我並沒有能夠對外展示自己能力的「作品」。

身為數位原生代的Z世代，我深知「無法獲得資料所有權」的後果是非常嚴重的，因為這即代表我無法利用上述的「使用網路平台，複利方式賺錢」。

進入人人稱羨的管顧業之後，我之所以褪下對所謂「高薪行業」的光環，正是因為發現了「它依然是在用體力勞動方式賺錢：熬夜加班、燃燒大腦」。很多主管，沒有打造「自己的生產資料／產品」意識，塑造「個人品牌」，使得他們就算「不喜歡這份工作」，也依然「離不開」，因為無法直接面對市場。

在經濟高速發展的時候，可以靠著「經濟的紅利」，背靠大平台來賺取不菲的收入，但是在經濟下行的當下，所有企業都在施行「降本增效」，管顧分到的「粥」越來越少、影響力越來越弱。然而「個人品牌」的打造及獲取「信任度」都需要時間，即使他們是領域內的「專家」，但是「鮮為人知」，都讓他們很難離開當下的職位，利用「複利」模式，聰明的賺錢。

因此，人人都需要有意識「撰寫自己的生產資料」、「打造個人品牌」。

《納瓦爾寶典》裡提到當今的「三大槓桿」，分別是是資本槓桿、人力槓桿、網路媒體槓桿。傳統的資本及人力槓桿，都需要你投入極大的成本，然而，網路媒體平台大部分人都可以直接免費的使用。你努力的生產資料，比如網路文章、影音，都可以在不同時間段，不需要你「親自行銷」，而是利用「網路平台」演算法，持續為你工作，讓你的努力翻倍，成為最平易近人的槓桿。

為什麼開始寫作？

開始累積自己的生產資料

離開了高薪的管理顧問工作，我開始投入了寫作，也才有了這本書的誕生。而這也是開始累積「我個人的生產資料」的第一步。

為什麼先是投入了寫書，而不是常見的「直接開始做自媒體？」

寫書的過程可以不斷自我對話，整理自己的「價值觀」和知識系統

寫書是一件需要「長時間投入努力」的工作，不像一篇社交媒體的文章、短影音，只需要幾天，放在網路上，有幸踩中「觀眾的喜好」，可能在短時間內就能「爆紅」。

然而「曇花一現」很容易，能夠「長期穩定輸出」的人卻很少。我深知自媒體的生態已經不乏競爭者，如何做出「差異化、並且長期穩定的輸出」，需要先用一段時間沈澱、並累積「一定程度的資料庫」。而「寫書」便是這時最好的投資。

雖然過去累積了相當多的經歷，但我一直缺乏長時間的自我對話，將這些經歷總結，變成「系統性的養分」輸出，成為讓他人也能受惠的內容。空出一段時間投注在寫作上，讓這些過去散落在腦中經驗，逐漸具象脈絡化，有了昇華和總結。

而當我在寫書半年之後，開始在社群媒體上嶄露頭角，擁有豐厚的「資料庫」，是讓我能做到「日更」的主要原因，也給我預留了許多空間和時間，不斷在做輸出的同時，也有時間做「更多的輸入」，比方持續的旅遊和閱讀，刺激更多的靈感，生產出更多的內容。

文字是一切內容的基礎，練就基本功才能不斷進階

文字是一切內容的基礎。不管是「自由工作者」崇尚的Youtuber，Podcaster，還是以線上課程變現，所有的基礎都在「你有好的內容」，而好的內容的基礎在於「文字表達的功底」。功底扎實，才能不斷進階，做好「內容的各種不同形式」。

實際操作後，我認為「投資寫作」是我「裸辭後」做的最正確的決定，長時間的寫作，讓我在「表達能力」上有了飛躍的提升。從原本一小時勉強擠出三百字，到能流暢完成一千五百

字。過去很多「大腦裡的想法和思考」，無法具象化用精準的語言和他人分享，現在能輕而易舉地做到。一直以來，我都把「出書」當作一個終極目標，然而經過九個月長時間的寫作磨練，我認為最大的收穫已經不是最後的出版，而是磨練了可以發揮個人影響力的寫作力！

文字為我連結了更多貴人及發展的多元性

在出版之前，我開始在網路寫作平台及社交媒體，發表我的文字，逐漸累積了人氣。起初只是為了「出版」預熱，卻沒想到成為我「輸出個人觀點」的舞台，吸引了許多「認同我的觀點」的人，因而連結上更多「志同道合的人」，為我解鎖令人欣喜的「合作機會」。

網路平台確實達到了「放大個人能力」的效果，並且賦予我「選擇合作對象」的自由，我在離職時對自己「理想生活」的期許，在具體實踐一年之後，逐漸逐夢踏實。

如何克服心理障礙，在二十五歲的年紀就出書？

長期心理暗示激發潛能

雖然講了許多「寫作」對於開始做「自由工作者」的重要性，但是在二十五歲的年紀，決定出書也是一個「相當早熟又大膽」的決定。

可能很多人以為我應該從小文筆就很突出，立志當「文字工作者」吧！事實上並非如此，儘管我的作文水平在求學時參與校內或縣裡的作文競賽，偶爾獲獎，但不足以讓我認可自己到成為作家的水平。

然而，父親的長期暗示，「你未來要出版自己的書」，卻激發了我原本以為我做不到的潛能。第一次聽到父親說「你要出版自己的書」大概是十八歲的時候，我並沒有像今天這麼多閱歷，但相比於其他同齡人，兩岸三地的求學歷程，已算是相當獨特的經歷。但是我太年輕，不夠自信，認為自己還辦不到。

然而神奇的是，這個念頭雖然當下實現不了，卻在內心深處發酵，好像成為隱藏的身分認同，總有一天要去完成這項任務。

因為有這個隱藏任務，我更用心生活，並把每次人生的挫折，都視為未來寫故事的養分。每當我遭遇低谷，我都會樂觀的安慰自己，這會增加故事的可看性。沒有故事的自傳是無趣的。而這股樂觀的力量，又一次次的帶領我穿越人生的難題，似乎也給了故事一個激勵人心的結局。

而我的生命裡，也奇蹟般地出現了許多「年少出書」的有為青年，比如在香港的創業營學長、新加坡房友Nadia，出現在我周遭，來不斷加強暗示這個想法。

長期心理暗示的結果是，它在我心裡播下了種子，時機成熟之時自己發芽了。

當我告訴新加坡的友人，我要離職，去寫書，他們的表情就像是我第一次聽到父親跟我說「你要出版自己的書」一樣，彷彿這也是他們聽過最瘋狂的想法。然而經過好幾年的心理暗示，我已經不覺得這是什麼瘋狂的想法了，反而是去實踐便能夠達成的事情。

這就是長期心理暗示的力量！

但是，假如在這之前我從未想過「寫書」，就算當下有人提出這樣的建議，我想我也不夠敢接。

這個真實發生在我身上的人生故事教會了我，千萬別低估「幻想及自我暗示」的力量。當你深深的認為自己是怎樣的人、會成為怎樣的人、你自然而然就會採取行動，達到知行合一。

AI時代下，「職涯規劃」的藍海戰略

做好「人人都將是創業者」的準備

AI時代——工作模式徹底改革的推手

二〇二二年底ChatGPT的問世震驚全球，人們意識到AI（人工智能）已從遙遠的、科技產業研發內的專有名詞，進入到普通人的生活，成為普羅大眾皆可運用的工具。AI的全面普及化，給每個人提供了更多的可能性。相比於過去的數位平台，只是個人能直接向大眾輸出內容的媒介，生成式AI直接賦予每個人更強的工作能力。原本缺少藝術美感細胞的創作者，現在能透過midjourney（圖像生成式AI）幫助自己設計符合自己需求的好看的插圖；原本不擅長書寫的創作者，現在能透過notion（文字生成式AI）幫助自己寫一篇像模像樣的文字稿；想為自己的影片配音樂，但不想侵犯他人音樂版權也沒關係，MusicGen（音樂生成式

AI）可以幫助到你。

AI讓過去需要多人合作才能完成的任務，現在僅需一個人就能完成。

當一個人能完成的事情越多，公司裁員節省人事成本也就無可避免，發生在二〇二二年和二〇二三年的矽谷科技裁員潮就是其中之一，這也導致社會的情緒愈發恐慌。有工作的人恐慌的是自己的工作有一天被取代，還在讀書的年輕人恐慌的是不知道自己該選什麼科系，才能保證未來的就業還能是鐵飯碗。

而我認為未來沒有任何職業是鐵飯碗，盲目追求穩定性的時代已經過去。AI將會逐一打破所有既定的系統。

回歸自己——有什麼問題值得我此生為之奮鬥

一直以來支撐人類活下去的動力是「希望」。當社會階級固化，努力也看不到改變自身社會地位的希望，年輕人當然只有「躺平」的想法。然而，我預測AI將再一次提供讓社會階級得以流動的機會。當人們又看到了希望的曙光，一定又會再次動起來，迎來新一波的增長。

雖然眼下好像隨時可能因新的AI工具出現而被裁員，任何工作都沒有穩定性，但是這是從一個「打工者的角度」出發的結論；假如我們用「創業者的眼光」來看，這將是每個人的大好機會，因為你將不再受限於你的能力、專業、及資金考量，AI的普及化讓每個人可以用最低的成本，也可以達到不錯的工作成果水準。

因此最終將回歸到，你想做什麼？你認為做這個事情有什麼意義？然後讓AI幫助自己更有效率和高品質的完成。只有知道自己想做的事情，才知道怎麼運用工具去達成。工具從來都是為人類服務，生成式AI也是一種工具而已。而人類如何凌駕於AI，不是害怕它，而是知曉如何為己所用，才是這個變動時代致勝秘訣。因此在AI時代，最重要的不是大學唸的科系，而是持續的學習能力，懂得如何隨著AI的發展，學習運用AI到自己工作上的能力，還有發現問題的的能力。

所以我預測，未來人人都是創業者。未來普遍的工作現象不再是進入公司，由他人（老闆、上司、主管）告訴我們，我們應當解決什麼問題，而是，由我們主動思考，「我想解決什麼問題？」，有了AI的輔助，自己動手幹變得更加容易，這也給我們主動創造自己想要的生活的機會。

因為我們不再是被人差遣的工具，而是自己去賦予做這項任務的意義的主動方，能夠讓工作變成興趣，更有動力，工作時間、地點與合作夥伴也會更有彈性。

自主學習和發現問題的能力變的最重要

那你可能會問，工具有了，但是我不知道自己究竟能解決什麼問題。其實這也是大多數人裹足不前的原因。

過去與前司的同事相談，年輕時有創業想法的不在少數，然而因為不知道自己能夠「創什麼業」，能夠「創造什麼價值」，因此遲遲沒有動作。這時我才發現，當你想做為其他人打工的螺絲釘，只需要能力，但是當你想成為從零到一的創造者，除了個人能力，「發現問題、發現機會的獨到眼光」更重要。

發現問題需要有好的觀察力與好奇心，而這在為人打工時不會被訓練到，因為我們都在被動解決別人給我們的問題。

然而，開始數位遊牧後，我發現能做的事情比想像中多更多，當我懷抱著「創業心態」走入社會，用「更細心的眼睛」觀察社會，就能發現仍然存在許多未解決的問題、尚未被滿足的需求，等待有心人士去創造解決方法。

比方說，當我旅遊到了菲律賓，注意到這邊男女工作能力的巨大差異，因此好奇菲律賓的女性社會地位，上網搜索相關文章和書籍，才發現這類資源少之又少。我才發現，假若我們閉門造車，在房間裡空想，是想不出任何能夠解決實實在在的問題的創業想法的。只有走出大門，花時間去觀察社會，去體驗、去思考，才會有意想不到的突破。

被動的讓社會決定自己的命運，把自己的稜角磨掉，塞進原本不適合的機器中，才是人生的不幸。

我無法肯定將來哪些產業會有不錯的前景，若只是跟風，看到哪個產業不錯就去做哪個，一來「假若不是自己的興趣，難以維持長久的續航力」，二來「將某個產業變成紅海，也不是我的用意」。我希望透過這篇文章讓大家了解到時代的趨勢，突破現狀的思維，最後去尋找適合自己的「藍海」。

Part 2

給Z世代生涯規劃的九個錦囊

一、獨立思考：為什麼你應該獨立生活一段時間

獨立生活培養獨立思考

第一個錦囊想要來聊聊，為什麼我鼓勵在經濟條件許可之下，儘量嘗試搬離家中，自己獨立生活一段時間。可以說，「開始獨立思考」，挖掘自己喜歡什麼、想做什麼、人生目標是什麼，是邁向「人間清醒」及通往「幸福人生」的第一步。

理解完全獨立的概念

很多人以為獨立生活就是字面上的含義——從原生家庭搬離出來自己住，就叫做獨立。那麼很多自大學開始，就在外縣市讀書的同學，或是留學生就叫做獨立自主，其實不然，這邊我所講的獨立，是指包含「思想獨立」和「經濟獨立」的完全獨立。

我在十八歲之後，前往香港求學而至此開始獨立生活，但是那時我的生活費、學費仍然仰賴父母支持，因此儘管我在海外獨自生活，我尚未形成人格上的完全獨立——我在思想上面很輕盈，在國外教學的薰陶下，可以對於同一事件與父母持截然相反的意見，但是由於經濟上的非完全獨立，使得在一些人生重大抉擇中，父母的意見依然佔據舉足輕重的地位，雖然我的父母通常會選擇尊重子女的決定，但是過程中的拉扯往往疲憊不堪。

而這樣無法選擇自己想過的生活，或是選擇上必須將別人的意見納入考量，都不是所謂的完全獨立人格。

相反的，有些人則是「經濟獨立」卻沒有「思想獨立」。這類人通常產生於「已經出社會工作，但仍然與父母住在一起」的人群中。從出生對父母的依戀，到長大之後完全脫離父母長成一個獨立的人格，是一個逐步漸進的過程，而這個過程假若和父母繼續同住在一個屋簷，會更不容易達成，或是說進步緩慢。為什麼？因為人有慣性，還和父母住在同一屋簷下，我們會不自覺的落入思維慣性中——父母會習慣於給子女做「人生方向的指引」，子女也會形成路徑依賴——「聽取父母的意見，減少做決策的時間成本」，或是習慣於「為了讓父母滿意，而做出沒有忠於自己的決定」。

假若父母的格局很高，眼界不俗，那麼對於迷茫的子女來說是恩賜，可以為他們在黑暗的迷途中導航，但是假若父母的眼界及格局沒有隨著時代的變遷而變化，想要將古早的方法應用在現代快速發展的社會中，缺乏「思想獨立」的孩子聽取了這些意見，反而過早禁錮了孩子的人生。

請不要誤會我，我不是說父母的意見毫無參考價值，他們提供了年長者不一樣的角度，但是年輕人需要有獨立的思考能力，做出合適的判斷，但是假若延續小時候聽從父母意見的慣性，這樣的「思想獨立」將很難形成，無法形成自己的人生觀，面對自己的人生。

假若只有思想獨立，你仍然無法為自己的人生選擇做主；假若只有經濟獨立，你無法形成自己的人生觀，只有兩方面都獨立的人，才是一個可以不靠他人，獨立且自信的「社會人士」。

獨立生活的重要性與益處

我一直到二十四歲脫離父母的經濟依賴，在新加坡開始工作、獨立生活，才算是體會到這種人格完全獨立的生活，及其帶來的餽贈——開始真正獨立思考自己的人生。

那麼為什麼人格的完全獨立，加上自己獨自居住，能夠對自己的人生有這麼大的轉變呢？

那是因為，你有了更多的「自我對話」時間。

當我終於經濟獨立，開始有能力支配我想要在哪些地方花錢、我想去哪些地方旅行、我想居住的地方，以及我應該在新的地方怎樣拓展自己的社交圈？

種種以前不會去思考的事情，開始源源不絕出現在生命中，一切需要由我作主，它促使我與自己產生更多對話。在分配自己有限的資源時（包括時間和金錢），我需要不斷對自己提問，「對我而言，哪些是重要的，哪些是優先級靠後的？」也是這時，我才在腦中逐步勾勒出我真正想要的生活，以及我該怎樣去達成。

比方說，在親身體驗了管理顧問的生態和生活作息之後，我開始問自己「這是我未來三至五年想持續的生活狀態嗎？——早出晚歸，沒有過多的時間給自己。」在不斷的自我對話中，我內心的聲音逐步清晰「這不是我想要的生活方式」，也是那時候，逐漸對管理顧問這樣外表光鮮亮麗的職位祛魅。

但我應該怎麼著手改變呢？那就是「存錢」，給自己留底氣辭職，改變生活型態。因此，在大家以為收穫高薪，可以大肆揮霍，去花錢讓自己過的更加舒適時，我知道我生活的優先級是「將來自由的時間」，因此我願意只住在一個沒有窗戶的閣樓，以此省下更多錢，也才能收穫一年之後旅居東南亞自由的時間。

正是在不斷的自我對話中，我更加認識自己，並且更尊重自己。假若還留在原生家庭，這些決定通常會被其他人事物干擾，作為子女，我們可能更偏向尊重長輩的意願。當我們將時間關注在別人的需求的同時，自我探尋的時間也減少了，所以這也是為什麼我說「人需要有一段獨立生活的時間」。我們需要花時間去了解自己。

獨立思考與內在強大的重要性

獨立生活也讓我們獨自去面對了這個社會，觀察社會的運作模式，去建立一套自己的世界觀、價值觀，你認為世界是怎麼運行的、你應該怎麼和這個世界互動、你有哪些原則不可以被侵犯？當你認真思考過這些問題，你更加能劃分清楚「他人和自己」，「社會和自己」的關係。為什麼這很重要？因為當這些邊界模糊不清的時候，我們容易不清楚該怎麼下決定，容易被他人影響。當別人意識到，你缺少自己的意見時，你也更容易被人利用和剝削。

但我不是說我們不再需要尊重其他人的意見、尊重長輩的意願，而是我們需要挪出一段時間，進行自我對話，真正了解自己，自己的需求，才能有更穩定的地基在社會上立足，在與他人的互動中不會輕易的被別人牽著鼻子走，在尊重對方想法的同時，保有自己的想法和底氣。

那麼為什麼足夠的獨立思考、足夠的了解自己對於化解危機很重要？因為當我們面臨危機的時候，我們內心的不安全感，會使我們更容易向外尋求支援，但大家的意見百百種，人更容易迷失在各家評論之中，裹足不前。如果你有強大的內在核心，你就能臨危不亂，向內尋找到答案。祝福大家都能成為內核強大的人。

攝於印尼，獨立生活後，我成為完全獨立的人格

二、創業思維：成為能給他人創造更高價值的人

獲利的核心在於解決未被滿足的用戶需求

創造價值，解決未被滿足的需求

許多人誤以為，創業就是能夠義無反顧的去做自己想做的事情，亦或是追逐賺錢的風口，大錯特錯！創業最終能夠立足獲利的關鍵，在於能夠滿足市場上未被滿足的需求，或者解決某個群體的痛點。假若你售賣的產品或服務，無法解決一部分群體的問題，或滿足他們的某個需求，那就等於無法產生價值，無法吸引陌生人為之買單。

小至一杯銅板有找的奶茶，大到號稱台灣護國神山的台積電，仔細鑽研，都會發現他們滿足了人們的需求，或解決了人們某個痛點。

未被滿足的需求不好尋找，需要敏銳的觀察力。因此我在創業系中的第一大收穫就是學

會觀察——其他人遭遇了什麼困難，這個背後隱藏了什麼需求，以及學會提問——目前解決的方式有哪些，有沒有更有效的方式？

我個人非常喜歡Airbnb的故事，如果以傳統思維來看，有誰會願意把自己家的房子租借給陌生人住呢？但是Airbnb打破了這樣的思維模式。Airbnb的創辦人們第一次嘗試將自己的公寓的客廳，改造成臨時的住宿地點，沒想到依然有旅客願意租借。這讓他們嗅到了「商業機會」：何不把這些多餘的房屋空間利用起來，讓更多人不再只有「旅店」可以選擇，還可以選擇和當地人住在一起、體驗當地文化呢？我喜歡這個故事是因為它勇於挑戰傳統，敢提問「為什麼不行？」，最後透過實踐測試發現是可行的。

許多人說創業講究「機運」，但是如果你沒有一雙善於觀察的眼睛去觀察，批判的思維去挑戰傳統，那就算機會擺在眼前，也很難去發現。

如果能真正創造價值，名與利會自然而然來到

以前不理解哲學裡所說的「在給予的過程中，就能獲得快樂、幸福與價值」到底是什麼意思，為什麼一定要給予？我自己顧好自己都來不及了，為什麼要先幫助其他人呢？

工作以後我對金錢的認識有了新的維度的提升，原來給予就是為了獲得。當你能用自身優勢，創造價值，也就是說「有人能因為你的創造而生活變得更好」，那名與利自然而然會來到。這邊所說的給予，並非「捐錢」這類的慈善，而是「你的創造為社會解決了什麼問題」。解決的問題越大，所獲得的名與利也就越多。

老闆們之所以賺的比上班族多，是因為他們解決了更大的社會問題，例如連鎖便利商店的老闆解決了大眾臨時的生活服務需求，提升社會運行的效率。因此換個角度來說，如果你認為自己賺的錢不夠多，那是因為你所創造的價值不夠大。大多數的打工人之所以賺不到什麼錢，是因為你所提供的只是你的時間和精力，解決企業流水線上的一小部分問題，因此所得到的報酬也只是解決小問題所與之對應的回饋。而真正能獲得巨大財富的人，是為他人解決更大的問題，創造更多價值的人，因此金錢和名利自然而然流向他們，讓他們產生更大的影響力，用更多的錢及名望解決更大的問題。因此，我們應當把重點放在，如何使自己創造更高價值，而不是想著哪個領域能賺錢。

我們需要了解到，金錢和名利只是創造價值的工具而已。如果把金錢和名利當作是目標，那麼就會產生「貪念」，而無法將注意力聚焦在真正解決他人問題上，也就無法產生真正的價值。舉個例子，如果你的晉升不是因為你的業務能力增強，可以為公司創造更多價值上，而是透過一些手段方法去獲取上司的喜愛，從而獲得晉升，這種「並非用實力產生實際價值」所帶來的短期利益不能夠讓你走的長遠，當時過境遷，讓人發現你只是「三腳貓功夫」時，就會被反噬，職位與權力容易不保。

同樣的理論也可以應用在「中樂透的人身上」，經常會看到一些新聞，為什麼很多幸運中了樂透的人非但沒有過的更好，反而會在短時間之內用光所有的財富？因為中樂透得到的財富是幸運，不是基於自身能力所創造的更大價值，因此他沒有能力控制和駕馭這麼大的財富。

也就是說，透過一些「三腳貓功夫」、「走捷徑的方法論」獲得的財富，確實是幸運的，但也是暫時的。唯有「真正創造價值的人，把金錢與名聲當作工具，去解決更多人的問題的人」，才可以真正駕馭財富和擁有財富。

如何創造價值——找出自己獨特性，能貢獻什麼價值

在創業的課堂裡還有一個被經常強調的思維是，知道了這個待解決的問題、尚未被滿足的需求之後，為什麼你認為「可以由你來解決這個問題，而不是別人呢？」。因為同樣的問

題可能很多人都發現，都想去解決它，那你能創造出什麼「和他人不一樣的」獨特的價值，更好的解決這個問題呢？

我鼓勵大家「跳出舒適圈，在與他人的碰撞中，逐步找到自己的獨特性」。在創業的課堂裡，我們經常是以小組的方式來進行，為了碰撞更新穎的想法，組成團隊的過程中，我們會刻意去尋找和自己不同背景的人，比方說學科背景、性別、種族。這些不同能帶來不同的觀點碰撞，讓我們領略出以前從未想過的看事情的角度，進而更全方位的分析一個問題，想到更好的解決方法。這樣的思維訓練，培養我進到一個新的社群，會習慣性的去觀察，「我和這個組織裡的人有什麼不一樣，我的不同背景能帶來什麼新價值？」因此，我的角色更多變、思維能更靈活，這對「發現商業新思路」很有幫助，更容易開創自己的副業或是開啟自由工作者之路。

人的本性是更趨向只和自己「相似的」人相處的，因為在那樣的環境中，我們會感到被理解而感到安全。但是這也會導致一直在舒適區生活、並且因為與其他人的相似程度太高，你也更不容易看清自己的獨特性，自己的優勢在哪裡。只有跳出舒適圈，與不同背景的人交流之後，你才能發現自己的不同。

三、經濟獨立：一年內存下人生第一桶金

讓我二十五歲開始嘗試數位遊牧的底氣

很多人會驚訝於我在二十五歲時就辭職，並開始旅居的勇氣，其實除了心中有夢，還有存下第一桶金給我的底氣。

但在開始分享我是如何存下第一桶金之前，我想先聊聊存錢的意義，這也是比較少人談得到的，對年輕人來說，退休還很遙遠，那為什麼現在要開始存錢呢？

不知道存錢的意義，也就很難真心實意地去開始存錢。特別是假如薪水本來就已經很少了，還要花氣力去規劃消費，延遲滿足，過程之痛苦如果沒有一個美好的願景，容易就陷入不如及時行樂的心態。

我在獲得我人生中第一筆薪水後，便養成每個月固定存下薪水的50％的習慣，但是當時我也並未找到存錢的意義，或許是有想證明自己經濟實力的虛榮心態，亦或許是大家都說要

存錢，那我也必須這麼做的從眾心態，然而目標並不明確。

一年後當我攢足了底氣辭職追夢，我可以很開心的跟大家分享存錢的意義，那就是讓我重獲得了「自由」——時間、地域、和人際關係上的自由，我不必再為了「生存」而迫使自己每天定時定點出現在公司裡過著日復一日的生活，不必再為了生存而留在自己不認同的公司價值體系裡，不必為了維持和諧而和不喜歡的同事給予假面的笑意。

第一桶金賦予我的，不再是證明自己的虛榮心，而是給予我更多選擇的自由，給了自己再去看世界的機會，給自己勇於嘗試真正想做的事情的時間。很多人都很懷念學生時光，因為那是一段自由自在的日子，還懷揣著對未來的希望，我想說，出了社會後你仍然有這樣的機會，而這一切都要從存錢開始，讓自己獲得一筆「重獲自由」的啟動資金！

可能有的人會質疑說那是因為你幸運，獲得了一份高薪的工作，才更容易存錢，我覺得這裡面存在一個誤區，那就是如果沒有妥善的財務規劃，再高的薪水也是難以存錢的，原因是當你的收入變高，你所期待的生活品質也會增高，為了享受到更好的生活水準，你的花銷也會水漲船高，因此才會有「不管你收入多少，最後存下來的錢都差不多」的說法。每個人對於生活品質的追求是不一樣的，每個人所要開啟「自由」的啟動資金也是不同的，因此每個人都在自己的賽道上奔跑，不存在誰快誰慢。以下是我這一年來存到第一桶金的四大法則：

1.瞭解自己的消費行為和優先順序

我並不是一個喜歡記帳的人（第三點會提及我之後如何不記帳、也能確保自己的消費不超出預算），直到下定決心開始儲蓄後，我才發現先花一個月時間去記帳瞭解當前的消費習慣是必要的——幫助檢視目前的行為有哪些不合理的地方，才能更好的對症下藥。

例如當時發現我很多錢花在了叫外送上，然而外送並不是必要的開支，因此我就有意識的將叫外送的時間，從每週五次，降到每週一次，這種有意識知道過去錢花在哪些不合理的地方，做出調整並養成習慣，比病急亂投醫，在不該省錢的地方省錢（例如變成每餐都改成去便宜的速食，吃得不健康）來的治本。假如說實在覺得記帳很麻煩，無法堅持，現在很多銀行ＡＰＰ都會記錄每筆消費的性質，並自動為你生成消費支出報告，我建議可以刻意花一個月時間只用一張卡消費來瞭解自己的消費習慣。

2.將帳戶分為幾個用途的小帳戶

很多人感覺存錢很痛苦，存錢就意味著節衣縮食，原先我也是這麼想的，很幸運的是在開始工作前兩個禮拜我偶然翻動了《小資族大翻身》這本書，裡面講到的存錢小妙招——將每個月的薪水分管到不同帳戶，讓我實際施行儲蓄的過程變的更加輕鬆。裡面提到人人應該都有六個帳戶：

(1)長期儲蓄帳戶，為了未來的大支出。比如：創業、留學

(2)財務自由帳戶，用來投資能讓你賺「被動收入」的東西。

(3)教育訓練帳戶，用來提升自己的技能和能力。

(4)休閒娛樂帳戶，給旅遊、放鬆心情等娛樂活動。

(5)貢獻付出帳戶，用來支持慈善事業。

(6)生活支出帳戶，用於日常開支，比如吃飯、交通、房租和水電費等等。

這樣的金錢分管讓我的金錢流向變的清晰又有規劃，而且不會為了省錢而取消消閒娛樂。

我自己是薪水一派下來，就會立刻將錢根據不同帳戶分流，薪水的50％會送到「長期儲蓄帳戶」，薪水的35％送到「生活支出帳戶」（沒辦法，新加坡生活成本太高了！），剩下的15％依照當月喜好及需求，彈性調整分配。大家可以根據個人的目標，及各個維度的優先順序，進行比例調整，讓錢成為讓你生活更好的工具。

3.每天限定自己只能花多少錢

知道自己每月的「日常支出帳戶」有多少額度后，要如何避免每個月不超支呢？經常出現的狀況是，月初看到數字還很大，可以大吃大喝而沒有控制日常消費，到了月底才發現捉襟見肘，只好動用「長期儲蓄帳戶」裡的錢，自責萬分。

我的做法是將這個數額換算成每天所能消費的金額，因為人不擅長大數位的加減乘除，但是對於每天的小金額花費的記憶力和計算力，還是比較好的。當時我給自己每個月設定花在日常吃喝和交通的預算是一千元新幣，因此我每天的消費限額就會在三十~三十五元新幣之間。這個方法充滿彈性，可能今天午餐選擇在餐廳，花銷貴了點（高於十五元新幣），那麼晚餐就刻意節省點去便宜的熟食中心解決（低於十元新幣）。這個方法簡單易行，不必為每一筆消費記帳，只要每天在心裡默默做加法，就能輕易達成。

4.時刻反問自己是投資還是消費

消費是錢花出去了就沒了，投資則是錢花出去之後還能隨著時間增值，因此要盡可能的減少在消費品上的花費，而將更多的錢放在還能不斷增值的資產上。

例如購買一件名牌的衣服是消費，購買一個理財的線上課程則是投資自我。有了這樣的體悟后，我在購買消費品時變的更加深思熟慮，因為假如我在消費品上的花銷越大，我失去的不僅是這筆花銷的數額，也應當算上我把這筆金錢用於理財和時間複利所帶來的增值的機會成本。因此當我再在遇到想買的東西時，我會去思考這個東西能為我的生活增值多少（提供便利性、幸福感等等），它是否是我現在生活中沒有的東西，無可替代呢？並且要確信這個物品買了之後我會經常使用到，才會購買。盡可能讓所有消費都是我理性評估后的結果，很大程度杜絕了我許多衝動消費。

儲蓄最重要的是持之以恆，記得開始儲蓄的頭一個月我非常痛苦，因為與自己過去的消費習慣截然不同，看到喜歡的東西不能再抱持「我有能力購買！」的心態，而是「我需要購買嗎？」這樣的問題反問自己。神奇的是，當一件事養成了習慣，做的過程也就變的不那麼痛苦，因為已變成條件反射。幸運的是，養成一個習慣只需要二十一天時間，因此不如就花小一個月時間做一個這樣的消費轉變，你會發現習慣+時間複利對人造成的天大轉變！

四、接受多元價值觀：你的內耗可能換個地方的價值觀根本不是事

人生沒有唯一解

很長一段時間我都以為我的裸辭寫書是一件大事，但當我開始在東南亞旅居，才發現原來這只適用於我之前所存在的價值體系中。

在我原生的價值體系中，辭去年薪百萬台幣的外商工作，投入到「效益低」的寫作中，是「不務正業」、是「年輕人的不切實際」。因此在做這個決定前，經過幾個月的思想鬥爭，一方面知道在目前沒有成長性的工作崗位中，繼續做也沒有前途，但可以維持世俗對一個名校畢業生的期待；另一方面擁抱自己想做的事情，可以獲得快樂，但是要接受不穩定的收入，以及挑戰世俗的看法。所以做了辭職和旅居寫書的決定，我認為是自己的衝撞體制，是一個勇敢的決定，值得滿堂彩。

然而當我開始旅居，到了峇里島，才發現「我自以為的勇敢，在這裡的人眼中，根本不是個大事。」

峇里島的新視角：辭職寫作，也不是什麼大事

剛開始，遇到好客的峇里島人詢問我此行的目的，會在這裡待多久，作為一個內向者，為了避免解釋一大堆東西（比方為什麼寫書？寫什麼書？為什麼選擇辭職？）這類可以無限延伸的對話，我總是以遊客自居，但是每當這麼回答，心中又有些過意不去。

一次在餐廳用餐時，一個服務員熱切的詢問我來自哪裡，會在峇里島待多久？這次，我不再假扮，「其實我已經在這裡待了一個多月了，預計還要再待兩個星期」，聽到了這裡，服務員殷切的詢問，「為什麼待這麼久？」。這次終於要說出我真實的目的了，我心裡萬分激動「其實，我正在寫一本書，我想沈浸一個充滿自然的環境中，能讓我有更多寫作的靈感」。

也許我已經習慣了同學、同事聽聞我辭職的消息，以及我想寫作的想法時驚訝的反應，我等待著服務員回我一個吃驚的表情，然而，這次什麼都沒發生。

服務員沒有驚訝的反應，反而是靜靜的點點頭，表示理解，好像寫作這件事情對他們而言不算是什麼，我反倒困惑了。剛開始我還懷疑是不是服務員沒聽懂英語，然而接下來對方依然能與我對答如流，讓我排除了聽錯的可能性。

如果只是一個當地人沒什麼特別的反應，我會把它定義為碰巧遇到的「偏差值」，然而，當我測試了四五遍，發現這裡的人看待寫作這份職業，和其他職業一樣，沒什麼特別時，我才驚覺，這是社會價值觀的差異。

原生與異鄉的價值差異：追求高薪還是自我實現？

我才意識到，在峇里島這種以旅遊業、文化產業為主的地方，掙錢是要靠「才華」的，而不是工廠所輸出的同質性高的勞工和產品。因此當地人更在乎的是怎麼樣讓自己的才藝變現，你有雕刻、唱歌、繪畫等等的才華，那你就可以當雕刻家、去餐廳裡駐唱、開設自己的畫廊教人繪畫。你越有才華，你就越有價值。

而在我過去所處的華人社會中，社會有工業化之後，提供的收入更高更穩定的工作，因此大家所追求的成功，不再是每個人才華的差異化，而是誰擁有可以獲得「高薪工作」的才華，更有甚者，為了去到高收入的工作，不得不泯滅原生的才華，去學習可能不是適合自己能力的專業。

當然有些人的才華，恰好是時下熱門職業所需，那是最幸運的事，然而對大部分人而言，卻不是如此。

在峇里島這個地方，通常一份工作的薪資無法養活一個人，當地人普遍有兩到三種不同的工作，因此我的「寫作」在他們眼中，可以說是不足為奇；我的「辭職、嘗試做不同領域」的事情，對他們而言就是日常的謀生手段。

我才驚覺，我們很多時候的猶豫不決、精神內耗，大多數時候源自於你的想法和所處社會價值觀的衝突，我們以為自己在孤軍奮戰，但是殊不知，也許換了一個環境，你的想法卻變成另一個社會普遍接受的價值觀。

我想這也是遠行的目的，不只是去看不一樣的風景，更是觀察到不一樣的生活方式、不一樣的價值觀，了解到原來人生不只一種選擇。我不禁想，在峇里島這個地方，有才華的人可以更真實的做自己，展現自己的才華，而不是循規蹈矩、從事社會上所認同的高價值工作，雖然可能掙得不像發達國家的人這麼多，但是對於有才華的人來說，是不是也是一種人生的幸福呢？

你可能會說，那是因為在峇里島，工種之間掙得錢的差異不大，而你是放棄一個年薪百萬的工作，跑去做一個可能根本不賺錢的事情。然而，誰說所有事情一開始就能掙錢呢？所有的新嘗試，都需要有時間去累積作品和粉絲。而原先的高薪的工作，不是說我本來做的事情有多麼的無可替代（相信曾在管理顧問公司待過的都能同意我說的），而是公司長期所累積的的名氣，以及名氣所帶來的客戶，客戶所願意支付高昂的諮詢費所給我的幻象，以為自己如此有價值。但是當我拿掉公司給的頭銜，還有多少客戶願意付費，我所掙得錢是否也和寫作本身差不了多少呢？

重新定義成功與幸福：有些人二十五歲就死了，直到七十五歲才被埋葬

沒有人規定人生應該怎麼活才對，但是可以肯定的是，「You only live once（你只能活一次）」，你應該依照自己想要的方式過活。

我在管理顧問公司任職時遇到過許多有才華的人，他們多數博覽群書、去過許多國家，擁有宏觀的的國際格局，但是許多人都被困在日覆一覆繁雜的工作中，他們的才華及見識沒有時間化作產出，給世界帶來不一樣的影響力，讓我覺得可惜。

當中也有些人意識到自己其實有能力出去單幹，而非只是日復一日為公司打工，卻無法累積名為自己的成品，但他們往往也會經歷反覆的思想內耗，而錯失良機，或是在反覆的拖延中，討厭自己，而逐漸接受麻木自己這就是自己的人生，不再嘗試跳脫，應證了富蘭克林所說，「有些人二十五歲就死了，直到七十五歲才被埋葬」。

我想特別對年輕人說，我們有選擇的權利，我們以為的人生的束縛，也許只是被困在當下所處的社會價值觀當中。請允許不同種價值觀進入你的生命，去了解不同價值觀的利與弊，然後去選擇最合適自己的個性的價值觀，也許人就不會有這麼多內耗，而能活得更加快活！

五、極簡生活，幸福人生

Less is more 少即是多

數位遊牧的生活隱含了「極簡」的概念，也就是給生活做減法，控制生活中的物品數量。開始數位遊牧的前一天，我拿出所有的行李箱，開始打包。過去的我會想盡辦法，把所有物品塞進空間有限的行李箱，但由於這次要完全換一種生活方式——由長居一處，轉為四處旅居，我換了策略。

我先放我最重視、最需要的東西（離開它就不能生活的那種重要性），再逐步放進次重要的東西，以此類推直到行李箱再也裝不下。

這個過程雖然聽起來容易，然而如何將物品定義為「最重要」，「次重要」，「最不重要」是一個比我想像中痛苦的過程。曾經有些東西對我很重要，但是隨著時間的推移，審美變了，生活習慣變了，這些物品也就變得不再經常出現在我的日常生活中。但是當我再拿起它，過去與這件物品的回憶仍會湧上心頭。但是我知道，如果不和這些物品「斷、舍、離」，不僅為生活的增值有限，行囊還會更加沉重。

接下來的旅居生活我也不斷踐行著「極簡」。與常規的旅遊不同，裝滿行李箱的紀念品還能帶回「長居」的住所，「遊牧」的生活強迫我的行囊必須輕便。比如說：我的行李箱現在能裝下兩個包包，假如我在旅居過程中看到新的心儀的包想要購買，換做是以前，可能只是「買或不買」的問題而已，但是現在，我必須去思考，「這個新的包，有比我舊的包好的地方嗎？」因為如果我買了新的包，就意味我必須為了騰出空間，而捨棄一個舊的包。

這種更深一層次對物品需求性的思考，讓我在購買時更加的深思熟慮，也會更加珍惜已經擁有的東西。

從物質極簡，到心靈豐盛

其實我對於極簡並不陌生，我第一次聽聞極簡生活主義概念是在二〇二〇年，一個Netflix紀錄片《極簡主義：簡單就是潮》吸引了我的注意，紀錄片的主角Joshua成長在貧困家庭，認為快樂是與金錢掛鉤的，因此從小立志打拼，在事業上的努力使他成為公司過往一百四十年間升職最快速的員工，亦是公司最年輕的董事。他比兒時的他富裕了許多，獲得了兒時無法擁有的財富及物品，然而物質上富足了，快樂卻沒有等比例增加，內心反而更加空虛。母親的忽然過世成了Joshua人生的轉折點，當他在收拾母親累積了一輩子的物品的時候，他開始懷疑，「人真的需要這麼多物品嗎？」。

而當Joshua辭職之後開始成為全職作家和KOL，在總結自己人生和給予他人心靈啟發的同時，他重獲了心靈上的滿足，而這個滿足比任何物質的豐富都來的快樂，因此他得出了結論「讓人們真正感受到快樂的並非物質，而是穩定的親密關係、有意義的人生目標，和健全的身體，所帶來的的心靈富足」。

開啟數位遊牧民族的生活後，我也親身體驗到，物質上的精簡帶給我心靈上更大的豐盛。

極簡人際關係

首先是精簡的人際關係。不可否認有些人際關係是有毒的，不是所有人都真心希望你好，有些人不僅不會幫助你進步，甚至是阻擋你前行的絆腳石。

這裡可能包含有問題的原生家庭、忌妒心強的朋友、害怕你上位的同事、擅長PUA你的老闆。離開了原公司之後，我的人際關係精簡了很多。才發現過去除了上班固定的時間，下班還花費不少時間內耗於公司各種人際關係。現在這些時間被空了出來，讓我的生活更加輕盈，獲得更多時間在「有意義的思考」上。

極簡時間

過去手機內容充斥著我的日常。消化完今日的新聞、朋友更新的貼文之後，我一天的精力所剩無幾，之後的篇章〈我為什麼選擇不再使用社交媒體〉中會更細節的談到社交媒體是如何影響我們的生活。

我在精簡了人際關係，及有意識的控制自己的手機使用時間之後，有了更多「空白的時間」在個人成長，比方讀書、去博物館、總結過去的經驗上面。這讓我感覺到再次為了自己而活，而非窺探他人生活，成為他人生活的觀眾。我重新做回了「自己生活的主人」，對於自己時間的掌控感，讓我對自己的生活更加滿意和知足。

同時，也因為有更多時間「打理生活」，反而更能控制「不當消費」。比方買衣服，過去還在為人打工時，會想透過週末犒賞自己「找回生活的掌控感」，於是看到喜歡的衣服就會衝動購買，而沒有過多的時間去考慮實用性，買完才發現不符合穿衣習慣，造成不必要的浪費。擁有更多的時間，我在購物上能慢慢「理性思考需求」，花費都用在了刀口上，不僅減少浪費的可能，在越來越了解自己的過程中，也增加了滿足感。

極簡目標

根據心理學研究，人們往往對於自身能力過於樂觀，這也是為什麼相當大一部分人年初寫的計畫，到了年尾才發現完成的沒幾項。

辭職了之後，一天二十四小時全由自己分配，沒有人告訴我應該先做哪個任務，如何安排時間。雖然我自認已是相當自律的人，但有時也會低估一件事情所需的時間和精力，因此一定要對目標進行「優先級排序」，什麼是最重要的、最想達成的目標？這麼做可以確保不夠時間時，哪些事情可以先不做，確保最重要的事情被完成。

怎麼找到「對我而言最重要的事？」

在旅居寫作探索自己下一步的過程中，我做了一個「尋找人生目標」的線上測試，測試一開始讓我們儘可能選擇所有「人生想要達成的目標」，然而到了測試的後頭，我們需要從已選的若干個目標中，再選擇最想達成的五個，從五個中再選三個，最後再對三個進行排序，在選擇的過程中不斷進行排除法和排序法：排出不重要的，留下真正重要的。最後才了解，驅動我們人生最重要的事情是什麼？做了這個測驗之後，我才了解到，對我最重要的人生目標，是「發揮個人影響力」，這也成為我做事優先級的指標。

當你覺得現在的生活一團糟，或許可以從「極簡生活」開始下手：清理生活不必要的雜物，讓出更多空間讓思維更加開闊，思維開闊了，心胸也就開闊了；清理生活中有毒的人際關係，留下真正能給予你心靈支持的家人和朋友，讓出更多時間和精力專注在自己真正在乎的人身上，形成正能量循環；清理事務的優先順序，將要做的事情排出優先級，找到真正最想做且最重要的事情，重複做，你就贏過大多數的人了。

六、相信自己：命運在於選擇

不管遇到多大的危機，你依然擁有掌握自己命運的權利

我從小就喜歡看紀錄片，但不是講自然環境、動物星球這類的紀錄片，而是關於「人」的紀錄片。青少年時期當同學們都沈醉於小說、各種虛幻類的故事及電影的時候，我卻著迷於「真人真事的紀錄片」，對我來說，真實世界發生的事情的精彩程度，有時候比虛幻故事，更令人瞠目結舌。而這也是令我著迷的原因，正是因為不是虛構的，讓我了解到，人的一生可以有多跌宕起伏，人自我改變的力量可以有多大。

真實世界的魅力：超越虛構的故事

其實書寫到這裡，我已經講了很多不同種危機，包含升學危機、畢業即失業危機、AI取

代工作的危機等等，對於普通人而言，這些危機的其中一項發生在自己頭上，都足以讓其跌倒消沈許久。但是我們有沒有想過，更深刻的、足以宣判一個人死刑的危機呢？那就是「誤入歧途」的危機。謀殺、運毒、洗錢……曾經犯過這些令人髮指、作奸犯科的人，透過紀錄片，講述自己的成長背景，自己是怎麼一步一步墜落，犯案的全過程，以及他們在獄中又是經歷了怎樣一番寒徹骨，而決定重生，最後將自己的故事呈現成紀錄片，警示世人。

雖然不是所有有犯罪前科的人，都會幡然醒悟，但是透過這些紀錄片，我看到一些人的不同，他們有著改過自新的勇氣和動力，接受自己的過去，並將自己的故事說出來啟發眾人——我打從心底裡佩服這些人，他們真真正正實踐了所謂「命運在於選擇」，「危機就是轉機」的人生。

米凱拉．麥考倫的故事：從犯下重罪到在監獄中重生

在所有紀錄片中，我最想分享的是《樂極忘形：運毒少女的自白》這部片，講述的是英國少女米凱拉．麥考倫在秘魯走私古柯鹼，淪落至全世界最可怕的女子監獄，但在監獄裡改革自新，提早出獄的故事。

之所以印象深刻，是因為原先我會認為「犯下這種重罪的人，本質已經無可救藥」，然而當犯罪的過程被解開，我看到的只是一個原本叛逆的青少年，第一次離開家，對一切事物感到好奇，但也正因為對世界的認知不夠全面，使她接觸到一些社會陰暗面的人物——毒梟，而不自知。在幾個月長途旅行之後，米凱拉開始捉襟見肘時，在毒梟的利誘下，缺錢又不想打包回家的米凱拉，受到毒梟的蠱惑——「只要幫忙乘飛機帶東西，就有錢拿」，這彷彿天上掉下來的餡餅，讓米凱拉決定鋌而走險。「罪惡的深淵原來離我們這麼近」令我不寒而慄。

除了剛出社會，不清楚運毒所伴隨的嚴重社會懲罰之外，以為毒梟所讓她去的祕魯，屬於西班牙，更是讓人瞠目結舌。米凱拉就像任人擺佈的棋子，就算心底隱隱約約發覺不對勁，缺乏基本的社會常識，也使她輕易對他人言聽計從。直到在秘魯首都利馬豪爾赫・查維茲國際機場被捕，被告知將面臨高達十五年的徒刑，才如夢初醒，等晃過神來，已身在可怕的女子監獄。第一次出國，便親手把自己送入監獄，著實令人震驚。

雖然運毒是重罪，但是我想站在米凱拉的角度來說，「不是真的惡，但是真的蠢」，是她最終被送入大牢的原因，但她現在卻要在異國他鄉，和許多真正十惡不赦的，對社會有嚴重危害的犯人生活在一起至少十五年。

請設想，假若你二十歲被告知了這樣的命運，你會選擇直接放棄自己的人生，還是努力再次證明自己有回歸社會的價值？

這是我最鍾愛這個故事的原因，也是米凱拉命運的轉折點，當米凱拉的律師第一次來到監獄裡探望米凱拉，看到萬分沮喪的她，律師安慰到「既然錯誤已經無法逆轉，不如好好學習西班牙文，了解這裡的文化，將這個經歷當作一次學習的機會」。

我不知道這只是律師當下的安慰，還是誠心的諫言？但也許在缺乏與外界交流的監獄中，一個來自權威的建議都能令人反覆琢磨思考許久……而米凱拉聽進去了。

當大部分的囚犯都在睡覺，蹉跎無止盡的時間時，米凱拉開始抱著《西班牙語字典》學習，對著室友勤練對話，每天按部就班。逐漸有了與人交流的能力後，米凱拉開始結交朋友，並用自己的方式發揮在獄中的影響力，爭取早日假釋出獄，比方說：觀察到獄友們有剪髮染髮的需求，毫無經驗的她在獄中開了沙龍，邊做邊學、學習技法，給獄友的生活增添色彩與變化；從未有外國人在監獄內獲得監獄會長頭銜，但她的積極上進被獄友們看在眼裡，最後米凱拉擊敗強勁對手，成為首任當選的外國人。

米凱拉開始申請假釋，憑藉著她出色的外語能力，擁有觀察需求、提供服務的商業能力，還有團結人心的領導力，假釋成功了。出獄後的米凱拉，透過拍攝自己的紀錄片，啟發人們「你可能因為愚蠢犯了錯誤，但是你絕對有翻身的選擇」，二〇二三年三十歲的她還從大學畢業了，獲得阿爾斯特大學商學學士學位。

或許和這些人相比，一般人所面臨的危機可說是小菜一碟。每當我看著這些紀錄片，都不禁想，「假若我是他們，在監獄裡可能六親都不認時，整個社會都好似拋棄我時，我是否還有打破所有人的認知，擁有重生的勇氣？」

若真的有人能克服這一切逆境，那這股改變的力量一定來自於這個人堅毅不拔的內心，相信自己能再改變自己的命運，成為對社會有用之人。對於這些人而言，出獄後的人生又是一個「全新的人生」，他們決定用全新的面貌及態度面對這個世界。

「人可以不只有一生，你自己可以決定活多少生」，在看了這麼多這類紀錄片之後，這是我最大的領悟。對於我們一般人來說，我們不必經歷作奸犯科這一番寒徹骨來獲得重生，但是卻可以學習這種心境的轉變，以應對所有人生的困境。

改變命運，關鍵只在「樂觀的自我選擇」

我們總是習慣被動的接受生命中的一切，當苦難降臨在自己頭上，我們會埋怨「老天爺為什麼是我？」，當別人獲得自己所沒有的機會時，我們會嫉妒到「那個人只是因為幸運」。就連快樂也是，我們習慣刷著手機、習慣走在大街上，期待有什麼新的刺激給我們帶來新的快樂——這些都是被動的接受，但其實我們握著自己命運的方向盤，我們可以選擇「主動的」快樂。

有一天當我走在大街上，我主動擺出微笑，雖然剛開始是刻意的，但是很快我就感受到一股由內而外的、發自內心的快樂。因為當我決定今天我要快樂時，我創造了一種磁場，這個磁場讓我看起來跟其他人不一樣，別人看到我的微笑，也回以我微笑，我感受到世界的善意，我開始覺得人生是這樣美好，這在我的內心形成了正向循環，最後我因此由衷地感到快樂。

也就是，當你選擇快樂，你就會快樂，當你選擇做你命運的主人，你的命運就會開始不一樣。

雖然你外表看起來並無不同，但你內心已經是完全不一樣的人，你散發出截然不同的氣質，你的「新的人生」就此展開。

七、專注自己：如何聰明地使用社群媒體

時間是當今最重要的資產

作為Z世代，社群媒體陪伴著我們長大，它是區別我們與上代人的標籤。然而大概從二〇一九年年底，我便有意識的讓自己擺脫Facebook和Instagram對我生活的影響。

逃離政治紛擾：開始我的社群媒體斷舍離

二〇一九年夏天，香港開始發生反送中運動，周遭朋友的社群媒體從原先的個人生活分享，變成了社會運動現場播報的新聞媒介。Z世代的我們，可以不看電視，但是不可以不看社群媒體，而當我開始二十四小時都被各種割裂、仇恨、敵對的直播新聞所包圍，我發現我不再快樂。再加上大四還需要趕著寫畢業論文、準備海外碩士的申請，我意識到滑動社群媒

體佔用我許多時間和精力，因此我決心開始自己的「社群媒體斷舍離」運動。

這場社群媒體斷舍離的開頭非常痛苦，我發現自己總會在開始覺得無聊，或是正巧手頭的工作遭遇瓶頸的時候，下意識的打開手機，習慣性的滑到Instagram APP的icon上，直到點開的那一瞬間，才恍然大悟自己幹了什麼。

透過「強制戒斷」這個過程，才讓我認真復盤平常使用社群媒體的頻率，也驚訝的發現原來自己每一個小時至少都會點擊一次社群媒體，頻率高的嚇人！

「羅馬不是一天造成的」，從每個小時都會習慣點開社群媒體，到完全戒斷，不可能一蹴而就。因此我給自己設定「階段性小目標」，從每小時一次，降低到每兩小時一次，再到每三小時一次……以此類推，在經過一個月之後，我已經可以達到無意識地一、兩天都沒點開社群媒體。

如果說當時不用社交媒體是為了逃離政治紛爭，集中精力在學業上，後來在反送中結束，課業壓力也告一段落後，仍然維持著不用社交媒體這樣的習慣，則是我個人對自己時間掌控的選擇。

這次社群媒體斷舍離的實驗讓我意識到——原來不用社群媒體我也能活下去！我的生活沒有絲毫改變！當我不再發送貼文、不再發送限時動態，從社群媒體上徹底消失，這個舉動對我在現實生活中沒有絲毫影響，沒有一個人在現實生活中跑來問我，為什麼社群媒體上沒有你的消息了，真的沒有！

脫離社群媒體的巨大改變：朋友照樣關心、找回深度思考能力

起初我很驚訝，難道我的朋友都不關心我嗎？其實並不是，和我關係親密的朋友還是會固定的來問候，關心彼此的生活和狀態，這讓我意識到——真正會關心你的人，不管你有沒有用社群媒體發文，還是會主動來關心你的。

另一個重大轉變則是我的工作效率，我更容易進入心流狀態、長時間專注在一項任務上。過去當我還習慣每個小時點開社群媒體時，我的注意力是被切斷的，注意力無法高度集中使我難以進入「心流狀態」，完成一個任務的時間也拉的很長。正如前面提到，通常讓我產生想點開社群媒體的狀態，是我在感到「無聊」，或是覺得「遇到瓶頸」的時候，社交媒體能為我填補空白，但正是因為社群媒體的打斷，在思考的途中摻雜無關資訊，使我喪失了思考的連續性及深度。然而，擺脫社群媒體的干擾，我更懂得運用這些空白時間進行「深度思考」，及提升「連結事物的能力」，將毫無關係的兩者事物，整合成「創新的想法」。

這個實驗，讓我意識到社群媒體的運營背後存在的巨大騙局。我原以為社群媒體可以讓我和我關心的人，彼此之間的關係更加緊密，結果卻大相徑庭，因為對彼此的生活狀態瞭若指掌，反而對朋友的近況喪失好奇心，現實生活中的互動也大幅降低；社群媒體還搶走了我的時間，讓我習慣性地在裡面找樂子，剝奪了深度思考的空間和時間。

社群媒體的底層邏輯：利用低價值的多巴胺，讓你對其上癮

我大四時在一家知名短影音平台的實習更應證了這個觀點——社交平臺的運營邏輯在讓使用者上癮，而不是企業所包裝的更「美好的願景」——將世界各地的朋友聯繫在一起。

我做的是產品運營的實習，平常的工作就是規劃新活動來活躍老客戶，我們會用「聳動的標題」、「吸引人的獎勵」作為應用程式的彈窗，刺激使用者再次打開應用程式。

歸根結底，社群媒體的商業模式在於「注意力經濟」。Netflix的紀錄片《智慧社會：進退兩難》很好的解釋了這種商業模式，也就是使用者以為是「免費」在使用這個服務，實際上用戶出賣了自己的時間和隱私，讓社群媒體巧妙掌握你的「數位足跡」，包含個人資訊，行為習慣，喜好偏好，之後更精準的投放你的偏好內容，讓你對平台上癮，穩定使用，有了

穩定的流量也就帶來穩定的金流，吸引廣告商的投放。

不僅如此，這些Facebook，Netflix等網路巨頭，都專門聘請人類行為專家來改善平臺功能和演算法，就是為了讓用戶上癮！駭人的是，這些巨頭公司的高層領導甚至都限制其子女使用社群媒體的時間，因為他們深知社群媒體對人的危害——他們自己都不相信自家公司產品能給子女帶來正面影響！

我希望更多的年輕人知道自己平常的生活是在被誰掌控，當我們以為滑Facebook、Instagram的時候是在休息，其實是資本家利用「低價值的多巴胺」，偷走你寶貴的時間和隱私換取現金流，而當你的注意力放在了別的地方，花在自己身上的注意力也就少了。我希望年輕族群意識到社群媒體對於自身的影響，有意識的掌控自己的生活。

當然，如果你是社群媒體的「內容生產者」，利用社群媒體作為「行銷及營生」的手段，則是另一回事。

八、保持樂觀：為什麼人生不能躺平

我如何看躺平主義

當過去「努力唸書，將來就會有好出路」的夢想泡泡破滅後，年輕人開始覺醒，似乎努力這麼久也沒什麼用，不僅沒有所謂的「出人頭地」，甚至還不如學歷沒那麼高，卻早早出了社會開始做生意的同齡人，因此產生了努力無用論的這種躺平悲觀主義思想。

這種悲觀主義持續蔓延，甚至成為社會的新常態。最近，我看到一則新聞，講的是一個與我同齡的年輕人，目前在一份沒有成長性、然而薪資待遇不錯的崗位，他擔心將來競爭力不足，很快會被AI時代，或被新進年輕人淘汰，因此詢問廣大網友意見，應不應該繼續留在這樣的崗位中。令我震驚的是，大部分的網友都建議繼續留下來，理由竟是「過得很爽還能有錢拿，當然要繼續待著」、「混一天是一天」、「反正工作換來換去都那樣，還不如佔著有錢的工作」。

說到這裡，可能有人會認為我是盲目支持「努力有用論」的無可救藥樂觀主義者。我不認為躺平是解藥，但我也不認同人應該盲目努力。努力需要有方向，需要能看到成長和結果，而不是像一隻在轉輪上瘋狂奔跑的倉鼠，以為自己很努力，實則原地踏步。

我就是不願做那個，表面上看起來很努力，實則沒有進步的倉鼠

用老一輩的眼光來看，我的辭職旅行也像是一種躺平，在二十五歲就脫離傳統職場，不用上班通勤，不用熬夜加班，周遊於不同國家，每天想怎麼自由安排時間，就怎麼安排，好不愜意！

用他們的角度來說，我這是揮霍時光，不務正業吧！而只有我深知，假若一份工作已經無法給我帶來成長性，為了一個光鮮亮麗的頭銜，和穩定的薪水留下來，雖然短時間內不會出現重大危機，但是長此以往，沒有收穫真正的學識，我定會在不久的將來面臨「中年危機」——更高的資歷，卻沒有足夠的技能支撐更高的薪水；而就算只要求與年輕人一樣的薪水，年輕人體力更好更有拼勁，中年就更無勝算。

而當中年危機來臨的時候，再去做轉變，所付出的成本將比年輕時的試錯成本更高，背負

的房貸車貸，家庭孩子的經濟壓力，遠比我現在「一人吃飽，全家不餓」的生活來的更高。

任何巨大的職涯和生活上的轉變都要付出極大的代價，因此我需要在年輕時，尚未有太多責任重擔時，就做多種嘗試，多種收入的佈局，來應付未來的風險——這是我的選擇，給自己多條後路保障。

當然有些人就是認定在公司內部持續久留，遲早有一天會等到自己的機會。然而為什麼依然有大批人，每天加班加點拼升職，卻還是感慨無法達到理想的生活狀態？

首先，升值加薪本身就是一個除了自身本事以外，還非常考驗「運氣」的事情，可能你遇到的上司就是看你不順眼，不願意給你機會，也有可能你被指派的工作，能見度沒那麼高，也有可能是當下的經濟環境惡劣，公司縮減人事成本。這與學生時代「單純的認真唸書，就能收穫好成績的線型關係」不同，夾雜著許多變動因子，都會影響事情的結果。

其二，也許他們現在在做的事情，根本就不是他們的強項，可能這個工作也能勝任，但與真正享受這份工作，並能從這份工作獲得愉悅感和成就感的人相比，他們在付出時間鑽研自己不喜歡的領域，注定會比真正享受這個工作的人來的痛苦，那麼有誰會在痛苦的事情上花費過多精力與時間呢？再加上時間複利，差距就越來越大。

第三，這些人可能忙到沒時間思考，自己所希望的「理想生活的藍圖」是怎樣的？我猜大部分沒有仔細思考過這個問題的人，會不假思索地認為「能有更多錢消費，滿足自己的慾望」就是理想生活，那麼為什麼有這麼多人收穫了名與利依然不快樂呢？到底幸福生活對你的定義是什麼？

我只能說每人都不同，但最怕埋頭做事，而沒有抬頭看看方向對不對。假若你的幸福不會因為更多的金錢而有實質提升，那麼更多盲目的追求金錢不僅浪費時間，還內心空虛。人要努力，但需要有方向。當你覺得好像拼命努力，卻還是沒有成果的時候，我鼓勵你停下來，看看方向對不對。而當這個方向注定不會通往你想要的目標時，就是時候轉動方向盤了。

既然努力不一定有用，那是否就能躺平呢？

這也是大部分人對躺平的理解——既然外部條件這麼差，不如躺平苟且過日子，上文提到的「台灣網民對於『是否應該跳槽去更有成長性的工作』的悲觀態度」，也是躺平的一種。我無法直接評價這種處世態度的好壞，但我想從兩個角度分析「為什麼躺平不是應對當前經濟環境的最佳解決方法。」

1.躺平不代表就能收穫幸福快樂

我覺得人生沒有「躺平」，或者「上岸」一說。

人常常會以為我們獲得了某樣東西，可能是某個頭銜，巨大的財富，某個一直以來追求的目標，我們就能夠躺平，獲得永久的快樂，從此過著幸福的人生。但是，真的是如此嗎？

實際情況是，當我們取得某個重要成就，這個成就所帶來的滿足感可能持續一個星期或是更短，很快我們又要找尋新的目標。這也是為什麼有些退休人士，依然會想辦法給自己找事情做。

依照哈佛教授專門研究人類快樂學的學者指出，人的快樂需要有三個元素組成：娛樂性（enjoyment）、滿足感（satisfaction）、和意義感（meaning）。這三者需要同時滿足，達成平衡，人才會真正的快樂。

年輕人可能會花費很多時間在娛樂上，比方說花時間在KTV、追星，卻在歡樂過後感覺到空虛，因為這充滿「娛樂性」，卻缺乏實現自己人生目標「滿足感」。工作狂的生活可能充滿了達成一個個工作目標的「滿足感」，及實踐自我價值的「意義感」，但按部就班的生活使他們的生活缺乏「娛樂性」，久而久之，他們也不會感到快樂。

我們以為躺著什麼都不用幹，可以活得很悠哉，實際情況是，缺乏「娛樂性」、「滿足感」及「意義感」的任何一點支持，人依然會空虛。

2.外部條件不是恆久不變

當下經濟條件不好，不代表永遠經濟條件都不好，只是還未迎來新一輪的增長點。假若因為現今環境不好，而選擇躺平不進步了，時間不會因為你而停下來，但你的年齡會增長，會有新一輪的年輕人進入職場與你競爭。當外部條件好了，你將要拿什麼本領與其他人競爭？

就拿英語教育來說，三十年前英語教育侷限在紙筆測驗，但隨著現在的家長對於英語教育的重視，「英語聽說讀寫」皆精通的人，比比皆是，各大企業的招聘更將「英語鑑定考試」納為履歷篩選的重要一環。因此，我們這一代年輕人，就對上一輩「外語教育尚不普及的」前輩構成了威脅。

而現今隨著AI時代發展，「學習使用AI的能力」將成為學生的必修課，那麼不久也會對「缺乏使用AI能力」的工作者造成威脅。同時，一〇八課綱還著重培養學生的「自學能力」，以應對千變萬化的市場環境。當新世代的教育隨著社會發展不斷調整，培養最能適應當今社會的人才，已經脫離教育體系的大人更應該看著後輩，培養危機意識，鞭策自學能力，才不會被時代淘汰。

無法控制外部環境，又不能躺平，我們應該怎樣泰然自若面對人生？

我們應該認清事實，人生永遠沒有「岸」，沒有所謂現在瘋狂工作，未來就可以躺平享受人生。也沒有所謂「現在就躺平，能得到幸福快樂」。

人存在的意義，以及獲得快樂的方法，就在於使自己不斷進步，貢獻自己的價值，知行合一，看到成果。因此該怎樣擁有幸福快樂的人生？我的答案是，花時間了解自己，找到自己的天賦，構建自己的價值觀，挖掘自己的天賦可以為這個社會帶來什麼有意義的改變，然後為之努力。

當外部條件不好時，例如現在的經濟下行，我們就花這個時間去了解自己，去挖掘自己更多潛力，嘗試更多不同領域的工作，找到最合適自己的，或是到處走走看看，發掘新的經濟增長機會點。而當外部條件好的時候，我們就可以以一個更好的姿態，蓄勢待發，發揮自己更大的價值。我想這就是「應對這個瞬息萬變的社會」的自洽解藥。

九、長期主義：放寬時間維度，一切都有解方

無比浮躁的社會氛圍中，Z世代最需要學習的特質

最後一個篇章，我想聊聊「長期主義」。

書寫到了尾頁，已經提及了許多成長過程中可能會遭遇到的危機，也提到了許多度過這些困境的思路，如果要用一個核心觀點總結，我認為是「長期主義」。

長期主義解決了我的焦慮，讓我走的又穩又遠

如同前面所述，我在大學和研究所都是讀的商學院，也有幸讀到了世界頂尖商學院。進入學院第一天起，每個人都在為「找工作」而努力，同學們花最多時間的，不是在知識上的鑽研，而是在「打造一個更有競爭力的履歷上」奔赴，做許多為履歷錦上添花的事情，

「networking、實習、交換」等等。

雖然這讓我的的確確獲得了「亮麗的履歷」，卻也逐漸喪失了原先的「靈氣」。

在浮躁的氣氛下，我所幹的每件事情，都被「世俗的眼光」衡量、「唯一的價值體系」評判。我變得隨波逐流、人云亦云，對於自己的想法也不夠自信。

我在寫書的過程，找回我自己，也逐漸發現「長期主義」對於現代人的重要性。

寫書需要深度思考，及長時間的自我對話。開始著手自己的書的創作之後，每天不斷挖掘過去的經歷，以及背後之於我的意義，思考逐漸有了深度，在愈發了解自己的過程中，「在做自己的道路上」走得更有底氣。

作為Z世代的一員，走過好的機會越來越少的「競爭焦慮」，才發現Z世代最需要學習的不是如何運用高科技，而是在「無比浮躁」的社會氣氛中，學習放下腳步，與自己的內在連結，「找到自己是誰及人生使命」

那些告訴你「人生應該怎麼過的」唾手可得的答案，往往不是正確答案；花長時間自己去找的解答，才是讓自己「走的又穩又遠」的關鍵。

放寬時間維度，一切都有解方

許多我們當下面臨的危機，及危機帶來的焦慮感，來源於「對於未知的恐懼」。因為恐懼，我們「急於找到一個正確解答」，來安撫這個情緒。

然而，只要我們擁有「長期主義」的思維意識，放寬時間的維度來看眼前的危機，我們就能做出更客觀與明智的選擇。

當我們願意花更多時間「與自我對話」，找到自己的「人生使命」，我們便不會再執著於他人的眼光，而更堅定不移的選擇自己想追求的事物。

當我們堅信「一切事物的發生，必有其因果，必有助於我」，我們就能穿越眼前的危機，看到背後之於自己生命的意義。

當我們相信「再十惡不赦的壞人，都擁有扭轉生命的可能性」，我們就能相信「人生的可塑性之大，轉變只在一念之間，永遠不要放棄自己的人生」。

如何實踐「長期主義」，讓自己最終受惠

以下是我的三個真實例子：

例一：每天堅持讀一小時的書，短時間內不會有立即「變聰明」的成效，三十天之後，將會比「沒讀書」的人多讀三十小時。我不是天資聰穎的人，但我知道這將帶我走向「卓越」。

例二：網路上分享「心得文」，短時間內可能不會有什麼人看、排不上Google SEO首頁，但之後幾年都會有「源源不斷、遇到相同問題的人」，因為我的分享而受惠，進而認識我。

例三：不過早為「自己的人生設限」，不相信「短期內獲得的就是人生的唯一解答」，對我而言，即是不甘於太過年輕就在「沒有四季的國家，過上一眼望到頭的日子」。我相信我能「挖掘更多潛能」、解鎖更多「人生的可能性」，培養發揮個人影響的寫作力和出書即是一個。

感謝讀到最後一頁的你，我想用「實際行動」激勵Z世代年輕人，「任何夢想」只要「開始行動」就能克服「內心恐懼」與「否定的聲音」，達成心裡所想的目標。最後祝願所有讀者「在危機中重生，活出最棒的自己」。

攝於峇里島，將藍海戰略應用於人生發展，將更加豁達

國家圖書館出版品預行編目

Z世代：找到突破危機的藍海 /劉懿璇著.
-- [新竹縣竹北市]：劉懿璇, 2024.10
面； 公分
ISBN 978-626-01-3109-8(平裝)

1.CST: 生涯規劃 2.CST: 成功法

192.1 113011665

Z世代：找到突破危機的藍海

作　　者／劉懿璇 Eve Liu
出版策劃／劉懿璇 Eve Liu
製作銷售／秀威資訊科技股份有限公司
114 台北市內湖區瑞光路76巷69號2樓
電話：+886-2-2796-3638
傳真：+886-2-2796-1377
網路訂購／秀威書店：https://store.showwe.tw
博客來網路書店：https://www.books.com.tw
三民網路書店：https://www.m.sanmin.com.tw
讀冊生活：https://www.taaze.tw

出版日期／2024年10月
定　　價／360元